绿色信贷驱动河南制造业低碳转型的机理与优化路径研
目，项目编号：242400410269
新发展理念引领下银行业支持制造业企业高质量发展路
科学研究一般项目，项目编号：433

银行业发展
与我国制造业企业
效率提升路径研究

连旭蓓 ◎ 著

中国财经出版传媒集团
经济科学出版社
Economic Science Press
·北 京·

图书在版编目（CIP）数据

银行业发展与我国制造业企业效率提升路径研究/
连旭蓓著. --北京：经济科学出版社，2024.8
ISBN 978 - 7 - 5218 - 5894 - 5

Ⅰ.①银… Ⅱ.①连… Ⅲ.①银行业-影响-制造工
业-生产效率-研究-中国 Ⅳ.①F426.4

中国国家版本馆 CIP 数据核字（2024）第 098986 号

责任编辑：顾瑞兰
责任校对：李　建
责任印制：邱　天

银行业发展与我国制造业企业效率提升路径研究
YINHANGYE FAZHAN YU WOGUO ZHIZAOYE QIYE XIAOLÜ TISHENG LUJING YANJIU
连旭蓓　著
经济科学出版社出版、发行　新华书店经销
社址：北京市海淀区阜成路甲 28 号　邮编：100142
总编部电话：010-88191217　发行部电话：010-88191522
网址：www. esp. com. cn
电子邮箱：esp@ esp. com. cn
天猫网店：经济科学出版社旗舰店
网址：http://jjkxcbs. tmall. com
固安华明印业有限公司印装
710×1000　16 开　10 印张　210000 字
2024 年 8 月第 1 版　2024 年 8 月第 1 次印刷
ISBN 978 - 7 - 5218 - 5894 - 5　定价：49.00 元
（图书出现印装问题，本社负责调换。电话：010 - 88191545）
（版权所有　侵权必究　打击盗版　举报热线：010 - 88191661
QQ：2242791300　营销中心电话：010 - 88191537
电子邮箱：dbts@ esp. com. cn）

前　言

探寻全要素生产率增长可行路径一直以来都是社会各界广泛关注和思考的核心议题。党的十九大报告提出，中国已经进入高质量发展阶段，且处在转变发展方式、转换增长动力的攻关期。而推动高质量发展，需从提升全要素生产率着手。在当前我国银行主导金融资源分配的金融体系下，银行是实体经济融资的重要来源，银行信贷资金的支持影响着企业生产效率的提升。从现实背景来看，一方面，我国以全要素生产率或劳动生产率衡量的效率仍与世界前沿存在较大差距，且这种生产率差距不仅存在于国家层面，我国国内企业异质性生产率特征也十分显著，这为继续挖掘全要素生产率的提升潜力提供了巨大空间；另一方面，我国银行业规模一直维持着强劲增长趋势，且针对中小商业银行市场准入的银行业市场化改革带来了银行业结构和竞争的变化，然而以这两种维度衡量的中国银行业发展均呈现出显著的地区异质性，这为促进企业生产率提升提供了更具差异性的外部环境。从理论背景来看，尽管已有研究从企业内外部层面探讨了影响全要素生产率提升的诸多因素，且基于融资约束等视角对银行业发展在生产率提升中的作用机制进行了分析，但忽略企业异质性生产率特征这一事实，使得相关研究仍存在较大空间。

基于现实挑战和理论缺失，本书提出如下几个关键问题：一是，我国银行业发展和制造业行业生产率各自具有何种典型特征？二是，异质性生产率背景下企业如何实现生产率提升？三是，银行业发展如何在企业效率提升过程中发挥作用？在银行业整体信贷发展和银行业内部中小商业银行发展两个不同维度下，其具体作用机制是否具有显著不同？

为了探究上述一系列核心问题，本书主要聚焦于五个方面进行论述。

第一，梳理整合关于银行业发展与企业生产率提升相关的理论基础，以更好地理解银行业发展在企业生产率提升中发挥的作用机制。

第二，在回顾我国银行业发展和制造业企业效率提升路径的基础上，着重分析我国银行业发展和制造业生产率典型特征事实与动态变化特点。

第三，利用中国沪深 A 股上市公司数据和各城市银行信贷规模发展数据，采用固定效应加工具变量方法，实证检验银行业整体规模扩张对企业生产率提升的影响效应。

第四，基于我国以中小商业银行分支机构市场准入为对象的银行放松管制政策背景，首先分析该政策的具体落实效果，进而引出我国中小商业银行规模扩张的制度背景，以考察其对企业生产率提升的影响效应。由于我国以中小商业银行为对象的银行放松管制政策，其实施初衷主要是为了促进中小商业银行更好地服务当地中小企业的发展，而上市公司数据和中国工业企业数据所代表的企业样本存在显著差异。因此，针对中小商业银行规模扩张如何影响企业生产率提升这一议题，本书分别提供了基于上市公司层面和中国工业企业层面的不同经验证据，以便为政策效果评估提供更充实的证据支持，本书的第五章和第六章围绕这个议题展开。其中，第五章借助中国工业企业数据、我国各地级行政区域层面的商业银行分支机构数据以及美国国家经济研究局—美国人口普查局经济研究中心（NBER-CES）的四位数制造业层面数据，从企业与世界技术前沿的距离视角，检验中小商业银行规模扩张对企业劳动生产率增长的影响及具体作用机制。第六章主要借助我国沪深 A 股制造业上市公司数据和各城市商业银行分支机构数据，从国内层面同行业内企业技术前沿距离视角，考察我国中小商业银行规模扩张对企业全要素生产率提升的影响及其影响机制。

第五，归纳和总结了本书的主要研究问题和研究结论，并基于主要研究结论提出了相关政策建议，同时还进一步说明了本书可能存在的不足以及后续可以继续深入研究的议题。本书的第一章至第七章围绕上述五个方面展开。

通过以上各部分的研究与分析，本书得到的主要结论有以下六个方面。

第一，无论是上市公司还是工业企业等非上市公司，我国制造业中均存在后发企业向技术前沿追赶的"追赶型增长"特征。

第二，无论从银行整体信贷规模扩张角度还是银行业内部中小商业银行规模扩张角度，其对制造业企业生产率增长的影响均具有非线性，且作用效果依赖于企业技术前沿距离：企业距离技术前沿越远，其生产率增速受银行业发展的正向促进作用越大；企业越靠近技术前沿，其生产率增速受银行业发展的正向促进作用越弱甚至受到抑制作用。

第三，从企业所有制性质角度来看，银行业整体信贷规模扩张对企业生产率增长的非线性影响效应在国有企业中更明显，而中小商业银行规模扩张对企业生产率增长的非线性影响效应则更多体现在非国有企业中。

第四，从企业所处的制度环境状况来看，企业所在城市制度环境越成熟，银行业整体信贷规模扩张的这种非线性影响效应越大，与此不同的是，中小商业银行规模扩张的这种非线性影响效应主要体现在了制度环境尚不完善的地区。

第五，相比劳动密集型行业，银行业整体信贷规模扩张对企业生产率增长的非线性影响效应在资本和技术密集型行业中更显著。

第六，企业规模越小，中小商业银行规模扩张越有利于提升后发企业技术追赶速度的这一影响效应表现越突出。

与现有研究相比较，本书的主要贡献之处体现在以下四个方面。

第一，本书从企业技术前沿距离这一全新视角重新解释银行业发展对企业生产率提升的作用机制，拓展了有关银行发展与企业生产率的文献研究。从研究视角上来看，已有研究多基于企业资金需求与银行资金供给匹配视角分析银行业发展与银行业结构对企业生产率的作用机制，但忽略了企业自身技术状态的重要角色。本书基于企业技术前沿距离这一新颖视角，从银行业整体信贷规模与银行业内部中小商业银行规模扩张两个维度，分别考察其对企业生产率提升的影响机制，有助于从企业技术赶超与银行特性匹配的角度进一步理解银行业发展对实体经济效率提升的具体作用机制。

第二，本书率先从国内和国际两个不同视角构建企业技术前沿距离，以更好地考察银行业内部中小商业银行发展对企业生产率提升的影响机制。已有文献多基于国内同行业层面或国际同行业层面的单一视角衡量企业技术前沿距离，然而企业技术追赶可能发生在国内同行业层面，也可能面向世界技术前沿。因此，本书在研究中小商业银行发展对企业生产率增长的影响机理时，分别考虑了企业在国内层面的技术前沿距离和国际层面的技术前沿距离。结果发现两种度量方法之下得到的结论较为一致，证实了不同维度的前沿距离设定的稳健性，为相关领域的分析工具和检验方法研究提供可借鉴思路。

第三，本书研究发现，银行信贷规模扩张对企业生产率增长的影响依赖于企业本身所处的技术状态，即更有利于提高后发企业的技术追赶速度。这一结论与龚强等（2014）、张一林等（2016）的理论分析观点高度一致，从微观企业层面提供了实证证据，并与林志帆和龙晓旋（2015）基于国别经验数据的研究结论相呼应。

第四，本书研究发现银行业内部中小商业银行规模扩张对后发企业技术追赶的正向作用，对于小规模企业表现更加显著，继而从企业技术追赶的视角为"小银行优势"假说提供了证据支持。

目　录

第一章

导　论

第一节　研究背景与研究意义

一、研究背景

当前中国逐步迈向创新驱动发展阶段，国家科技实力日益增强，综合创新能力开始被纳入世界第一梯队。在此背景下却存在着一种尴尬的境况，即伴随着一系列创新层面的成就，我国以全要素生产率为代表的技术进步水平并没有得到显著提升，在世界层面仍处于中等低下水平。具体而言，一方面，我国研发投入与创新专利产出均出现了爆炸式增长，综合创新能力持续向国际中上游攀升，自2018 年起成功跻身全球创新指数排行榜前 20 强，是唯一一个创新指数持续攀升的国家，也是唯一进入前 20 强的发展中国家[①]。另一方面，已有研究表明，中国与世界发达国家在以全要素生产率或劳动生产率衡量的效率方面仍存在显著差距（陆剑等，2014；杨飞等，2018）。基于世界银行数据，日本生产率本部测算的世界各国劳动生产率（平均每个劳动者所产生的增加值）指标显示，2017 年中国劳动生产率为 31069 美元（人民币约 217010 元），居 170 个国家/地区中的第 92位，相比于 2016 年第 72 位的排名显著下降。与此同时，中国劳动生产率仅是日本的 37%，相当于美国劳动生产率的 25%。除此之外，尽管中国 2012~2017 年的劳动生产率平均实际年增长率位居最高，达 7.1%，但仍低于 2000年以来的实际平均年增长率 8.9%，劳动生产率增速趋势明显放缓[②]。由此说明，目前我国总体创新能力的提升与以全要素生产率或劳动生产率衡量的技术进步并不匹配。

---

① 资料来源：世界知识产权组织《2018 年全球创新指数报告》。
② 资料来源：日本生产率总部发布的《劳动生产率国际比较研究报告（2018）》。

提高全要素生产率是高质量发展的动力源泉，是现阶段转变经济发展方式的核心举措，基于此，探寻提高全要素生产率的有效路径和政策支持手段成为社会各界关注的热点议题。2015 年，中国政府首次在其工作报告中指出"提高全要素生产率"，2017 年"提高全要素生产率"的提法首次出现在党的代表大会报告中，党的十九大报告作出了我国经济已由高速增长阶段转向高质量发展阶段的重大判断，提出了提高全要素生产率的紧迫要求。中央和地方各级政府自此也开始着力探究相关扶持政策。现有文献研究也从企业干中学（熊瑞祥等，2015）、企业研发创新（余泳泽和张先轸，2015）、资源配置优化（Hsieh and Klenow，2009；聂辉华和贾瑞雪，2011；龚关和胡关亮，2013；李雪冬等，2018）、环境规制（金刚和沈坤荣，2018）、金融发展（陈志刚和郭帅，2012；刘培森，2018）、产业政策（张莉等，2019）、契约执行效率（杨本建等，2016；张云等，2017）等内外部因素对全要素生产率的影响进行了广泛分析和解释，以期为提高全要素生产率提供可行路径。

尽管我国金融市场近年来得到快速发展，但银行主导金融资源分配的金融结构体系并没有改变，银行仍是实体经济融资的重要来源，从而影响实体经济的效率提升。数据显示，2018 年我国国内非金融机构部门的社会融资规模存量为200.75 万亿元，其中对实体经济发放的人民币贷款余额为 134.69 万亿元，占融资总量比重的 67.1%（中国人民银行，2018）。银行业发展无疑是我国金融业发展的核心，银行业发展在经济增长中的重要影响不容忽视。从我国银行业发展的独特背景可以看到，一方面，我国银行业规模在不断发展壮大，一直维持着强劲增长趋势。例如，2018 年英国《银行家》杂志发布的全球银行 1000 强榜单显示，按照一级资本排名，中国共有 12 家银行跻身前 50 家银行之列，占比达24%，其中中国四大银行首次全面位居榜首。另一方面，随着银行业市场化改革的不断推进，中小商业银行的市场进入逐步削弱国有大型银行的垄断地位，银行业市场竞争程度不断提高。在此背景下，明晰我国银行业发展在提升实体经济尤其是制造业企业生产效率中的角色作用、挖掘我国制造业企业生产率提升路径十分必要且刻不容缓。

二、问题的提出

实现由全要素生产率驱动经济增长是当前经济发展的重要出路。在经济增长研究领域，全要素生产率的增长与收敛性研究是国内外关注的热点话题，为理解全要素生产率的影响因素及其提升机制提供了重要研究框架。实际上，全要素生产率的增长与收敛是一个问题的两个方面（熊瑞祥等，2015）。一些研究表明，我国存在着由低生产率企业向高生产率的技术前沿企业的收敛趋势，这种全要素生产率的收敛进一步表现为低效率企业的追赶（谢千里等，2008；鲁晓东和连玉君，2012；简泽和段永瑞，2012；熊瑞祥等，2015；杨本建等，2016）。而现阶段我国特有情境下，改善全要素生产率的路径，不仅要求开发新的全要素生产率源泉，也需要并且有可能继续挖掘全要素生产率的传统潜力（蔡昉，2013）。

在我国银行主导金融资源分配的金融结构体系下，重新提振经济增速路径需要银行业高效跟进并提供支持，然而金融支持实践却不断出现偏差。为此，近年来，中央和地方政府频频出台加大对中小微企业等金融扶持力度的相关政策，着力解决其融资难、融资贵问题。例如，2019 年 3 月 4 日，中国银行保险监督管理委员会办公厅发布了《关于 2019 年进一步提升小微企业金融服务质效的通知》（银保监办发〔2019〕48 号），分别从提升小微企业信贷比重、完善对不同金融机构的分类考核、完善小微企业利率定价机制等诸多方面进行规划，以期提升银行金融机构服务小微企业的质效。与此同时，中共中央办公厅、国务院办公厅于2019 年 4 月 7 日印发了《关于促进中小企业健康发展的指导意见》（中办发〔2019〕24 号），其中就融资困难问题也提出了针对中小企业金融服务的具体政策要求，以促进更多中小企业健康发展。除此之外，一些学者经过研究提出，根据不同规模银行机构与不同规模企业融资特性匹配差异，应增设中小商业银行金融机构，以对应缓解小企业融资难题（林毅夫和李永军，2001；吴晗和段文斌，2015；张一林等，2019），然而问题尚未获得实质性解决。部分实证研究表明，未能发现中小商业银行与小企业贷款之间的显著关系（Zhang et al.，2016）。

基于已有理论研究和现实背景，本章尝试从银行业整体信贷规模扩张和银行业放松管制带来的内部中小商业银行规模扩张这两个方面，去回答如何促进企业全要素生产率的提高。具体研究问题包括：银行业整体信贷规模扩张是否影响企业全要素生产率的提升，可能的影响机制如何体现？我国以中小商业银行市场准入为对象的银行放松管制政策是否显著影响中小商业银行的发展？在此背景下中小商业银行规模扩张又对企业生产率的提升产生何种影响，以及具体的作用机制是什么？企业产权异质性、规模异质性、所处行业异质性抑或是制度环境异质性是否会影响其作用效果？这些问题的回答能够为经济转型阶段如何更好发挥银行作用、寻找合理有效的全要素生产率提升路径提供理论与实证支持。

三、研究意义

（一）理论意义

首先，基于企业技术前沿距离与银行特性匹配角度，从微观企业层面为最优金融结构理论提供实证证据。龚强等（2014）和张一林等（2016）指出，银行主导的金融结构对那些技术和产品较成熟的产业能够发挥更有效的作用。原因在于，从产业角度来看，技术成熟产业的风险相对更低，资金回报更为稳健，而从银行角度来看，此时银行贷款的回报与其承担的风险相互匹配，因此银行对产业发展的作用有效与否，主要在于产业风险特性与银行制度特性的匹配程度。对此，林志帆和龙晓旋（2015）基于世界各国宏观层面数据进行了实证验证。然而，由于我国国内银行业发展布局具有显著不平衡特征，而基于宏观国家层面的金融结构与银行发展状况并无法反映出微观企业所处的具体城市层面的银行业发展状况。因此，本书聚焦我国各地级行政区域城市的银行业发展状况，为相关理论观点提供微观企业层面的实证证据支持。

其次，从企业技术赶超的视角将"小银行优势"理论假说进行进一步拓展应用至企业生产率增长方面。"小银行优势"假说认为，大银行和小银行具有各自的融资特性和竞争优势，相比大银行，小银行通常具有善于识别企业尤其是小企业"软信息"的比较优势，因此中小企业面临的资金需求通常更可能从中小商业银行得到一定程度的满足（Berger and Udell, 1996；Stein, 2002；张一林等，2019）。基于这一理论逻辑背景，本书从企业技术赶超的视角，考察中小商业银行分支机构规模的扩张如何影响企业，尤其是中小企业的生产率提升效应，因而是对该理论基础下关于企业成长性影响研究的一个延伸。

最后，丰富了有关银行发展对企业生产率影响的相关理论研究。已有实证研究关于我国银行整体发展抑或银行业结构对企业生产率影响机制的分析视角，多基于企业融资这一需求侧层面的单一视角，没有考虑银行本身特性与企业风险特性的匹配。本书则从企业技术前沿距离视角出发，能够解释我国企业生产率异质性背景下银行业发展的作用机制，弥补已有融资约束激励机制的不足。

（二）现实意义

首先，本书从企业技术前沿距离角度，系统研究银行业发展作用效果，进而为经济转型阶段如何更好发挥银行作用，促进制造业效率提升形成不同的对策研究。已有实践需求和理论缺失表明，研究银行业发展对企业生产率影响，探寻可行的生产率提升路径，明确银行在服务实体经济中的定位是我国现阶段需要研究的核心问题。本书研究表明，无论从银行业整体视角还是从银行业内部中小商业银行发展视角，当企业距离技术前沿差距较大时，银行作用更有效，而当企业逐渐接近前沿时，银行的作用效果逐渐减弱甚至产生负向影响。这意味着，从企业角度来看，基于自身所处的不同技术状态，企业应尝试选择适合自身的外部融资方式而不是局限于银行。从金融发展角度来看，在发挥银行对实体经济积极作用的同时，金融机构应积极尝试金融工具创新，以助力不同特性企业的生产率提升。

其次，本书结合我国银行业放松管制政策实践，讨论了中小商业银行分支机构规模扩张对企业生产率增长的影响，为推进后续银行业改革提供有益的决策依据。本书对于我国中小商业银行规模扩张对实体经济的影响效应研究，基于以股份制商业银行和城市商业银行为对象的中小商业银行分支机构市场准入放松的相关制度背景，并在此基础上对银行业竞争研究对象尤其是中小商业银行进行了合理界定，使得研究更具针对性。事实上，中国以中小商业银行市场准入的银行放松管制，不同于美国等发达国家以大型银行市场准入为主的银行放松管制政策。在此情形下，针对中小商业银行发展对企业生产率影响这一问题的深入研究与解答，不仅是为既有前沿研究提供了中国这样有价值的经验证据，更是为我国主管部门后续优化银行体系管理与改革路径提供不可或缺的重要政策参考。

第二节　银行业发展与企业效率的概念界定

一、银行业发展的界定

从近代银行业的起源来看，银行的出现与发展是经济社会发展到一定阶段，为顺应历史潮流和经济社会需要应运而生的。关于"银行"名称的起源，主流的"板凳"观认为起源于意大利文"Banco"，原指意大利货币鉴别与兑换等商业交易时所使用的长凳，是最早的货币兑换商的营业用具。延伸至英语中的"Bank"一词，后来泛指银行。世界上第一家近代银行是1580年在当时世界商业中心意大利成立的"里亚尔布市场银行"，于1587年更名为"威尼斯银行"。后续1593年在米兰、1609年在阿姆斯特丹等地区相继有银行成立。但当时银行经营的贷款业务主要以政府为对象且带有高利贷性质，这不能适应资本主义扩大再生产的需要。在此背景下，按照资本主义原则组织起来的第一家股份制银行——英格兰银行于1694年在英国成立，标志着现代银行制度的建立。此后资本主义商业银行开始在世界范围内普及和发展。中国第一家银行是1845年英国人开设的丽如银行。外国资本主义在华贸易的发展，使得西方国家后续纷纷在中国设立银行，中国也需要有自己的银行调剂资金需求，于是中国第一家自办的华资银行——中国通商银行于1897年由盛宣怀创办，其成立标志着中国近代银行事业的开端。

我国渐进式的银行业改革为研究银行业发展提供了很好的制度背景。自改革开放以来，与经济体制改革相适应，我国银行业经历了包括以建立现代企业治理结构为目标的"存量改革"、积极培育各类股份制银行和引进外资银行等以改变市场结构为目标的"增量改革"、与经济体制渐进式放松管制相匹配的"银行业放松管制改革"等渐进式改革历程。我国的银行体系实现了跨越式发展，银行业内部微观激励机制和宏观竞争环境均显著改善。而银行业改革的最终目的是服务实体经济，建立有效率的银行服务市场，实现银行业高质量发展。从整体性视角和区域性差异来看，一方面，银行业渐进式改革过程为分析银行业发展对实体经济的影响提供了时间维度的变化；另一方面，银行业发展水平在我国不同省份甚至不同地级市之间差异很大，地区银行业发展不平衡为分析银行业发展及其对实体经济的影响提供了横截面维度的变化。

本书将银行业发展区分为银行业规模和银行业内部结构两方面的发展过程。

首先，作为银行资产规模的重要组成部分，银行信贷规模是衡量银行业规模的一个重要指标。在市场经济中，银行信贷规模往往由信贷市场的供给与需求决定。银行信贷随着经济周期的波动而波动，在经济上升周期，投资需求旺盛，对银行信贷的需求增加，银行信贷规模随之扩大。在经济下行周期，投资需求减少，银行信贷需求减少，银行信贷规模随之减小。银行信贷规模在中长期内的变化不仅反映的是数量的增减，也是宏观调控与货币政策方向的重要体现，更蕴藏着不同经济背景下的银行与实体经济互动特征。基于此，本书后续主要使用银行信贷规模对 GDP 的贡献（信贷规模占 GDP 比值）衡量我国银行业信贷规模发展。

其次，本书从中小商业银行规模扩张角度对银行业内部结构加以考察。根据林毅夫和姜烨（2006）的研究发现，我国各地区发展战略以及经济结构的变化是银行业结构演变的主要影响因素。我国一直以来以国有大型商业银行为主导的银行业结构与经济发展和转轨过程中国有企业在经济中的作用和地位密切相连。而最新研究表明，不同发展阶段的国家存在不同的最优银行业结构（张一林等，2019）。对于备受关注的中小企业融资难问题，可以通过改善银行业内部结构，发展中小商业银行优势以满足中小企业融资需求。基于此，本书后续主要从中小商业银行发展视角关注我国银行业内部结构演变对实体经济的支持效率。

二、企业效率的界定

"效率"一词源于物理学，后被经济学家沿用并发展用于生产理论研究。其中，作为效率的一种重要表现形式，生产率衡量了生产过程中各种投入要素的利用水平，代表的是由各要素投入转化为实际产出的效率。资源是稀缺的，让稀缺资源发挥最大效用是任何生产过程都追求的目标。经济学中的效率最大化本质上是一种数学最优化问题，通常是企业生产过程中面临的一种约束决策，即追求现有资源下实现最优配置，在最少投入条件下达到最大产出或者产出一定条件下实现投入最小的决策。生产效率反映的不仅是经济主体的效能，更是经济活动的内在质量。

本书主要从劳动生产率和全要素生产率两个角度探讨企业生产效率问题。全要素生产率和劳动生产率都是衡量企业生产效率的有效指标。首先，在经济合作与发展组织（OECD）编制的《生产率测算手册》中，可以发现，全要素生产率被定义为所有投入要素对产出增长贡献的一种能力。在实际测算时，全要素生产率往往以"索罗余值"的形式计算得到，以反映要素的使用效率。从全要素生产率的具体测算方法来看，学术界提出的相关方法多种多样，主要包括生产函数法、随机前沿分析方法、数据包络分析方法等。同样，作为衡量生产力发展的核心指标，劳动生产率特指单位时期内劳动创造的产出与劳动消耗量的比值，反映的是单位劳动投入的产出效率。显然，劳动生产率反映的不是生产要素中个别部分的效率或效能，既包括主体人的因素，也包括客体物的因素。从劳动生产率的衡量方式来看，学术界有不同讨论，常用的两种衡量方式中，一种是工业产出（如工业增加值）与劳动时间的比值，另一种则是工业产出（如工业增加值）与从业人员的比值。后者应用更为普遍，用从业人员数量代表一个微观主体的劳动投入，用工业增加值等指标代表劳动产出，那么劳动生产率就代表着劳均工业增加值。在经济增长领域，全要素生产率和劳动生产率都是判断经济体增长质量和增长潜力的重要标准。因此，可以认为，针对劳动生产率和全要素生产率增长动能转换的研究，本质上就是在围绕经济增长动能的转换进行研究。

第三节　研究内容和结构安排

一、研究思路与技术路线

本书总体上沿着"提出问题—理论梳理—现实依据—实证分析—政策建议"的逻辑主线展开研究。研究思路具体如下：首先，围绕中国经济发展方式向高质量发展转型的现实背景和需求，提出本书的研究问题；其次，从金融发展理论、金融结构理论以及技术赶超理论出发，结合我国银行业发展以及制造业企业生产效率发展的特征事实，分析银行业发展支持企业生产率提升的可能作用机制；再次，分别从银行业整体信贷规模扩张与内部中小商业银行发展变化两个维度，实证分析银行业发展对企业生产率提升的影响；最后，根据得到的研究结论提出相关的政策启示与建议。具体如图 1 – 1 所示。

二、研究内容

本书拟研究的核心问题是中国银行业的发展是否影响以及如何影响制造业企业的生产率增长？围绕这一核心问题，本书将主要回答以下四个具体问题。

第一，为何要提高我国制造业企业的生产率？我国制造业企业生产率表现如何？面临的主要问题是什么？

第二，为何关注银行业发展对制造业效率提升的作用？我国银行业整体信贷规模和市场结构在全国不同地区的表现有何差异，呈现出何种发展态势？我国实

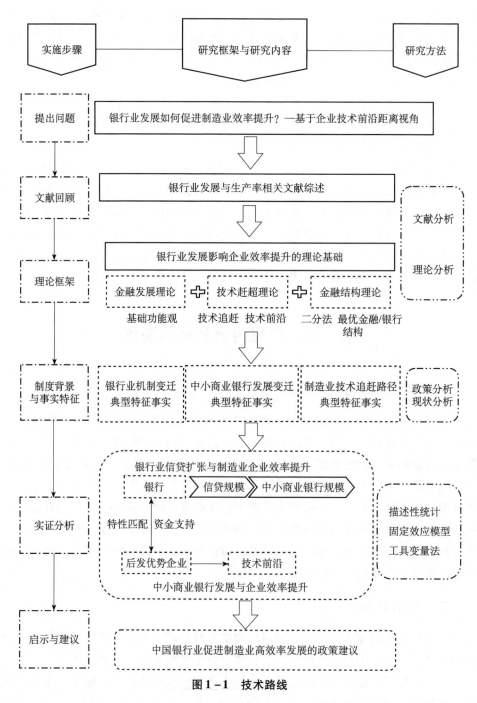

图 1-1　技术路线

施的针对中小商业银行市场准入的放松管制政策是否得到有效落实，进而带动各地区的中小商业银行扩张和银行业内部竞争？

第三，银行业发展如何影响企业生产率的提升？银行业信贷规模扩张和银行业结构（尤其中小商业银行扩张）分别对企业生产率提升产生什么样的影响，具体影响机理是什么？对于具有不同所有制的企业、不同规模的企业、处于不同特性产业的企业或者处于不同制度环境的企业，银行业不同维度的发展对其生产率的影响是否存在差异，差异主要体现在哪里？

第四，现有关于银行业发展与企业生产率的相关研究成果能够解释和分析哪些问题？哪些关键问题或突出现象在目前文献研究中关注不够？

通过回答上述问题，本书试图在当前中国以银行业主导的金融体系背景下，对我国银行业发展支持制造业企业效率提升的理论和实践发展形成一个较为完整的整体把握和问题诊断，通过相应分析为我国政策实践中更有针对性地完善政策措施，提升银行业服务实体经济效率，促进实体经济和银行业共同实现高质量发展提供有益思考和借鉴。

根据上述需要回答的关键问题，延伸出本书以下共六部分的研究内容，各部分具体内容安排如下。

第一章为导论。本部分主要从我国经济发展方式转型和银行业渐进式改革的背景出发，分析我国银行业发展支持制造业生产率提升的必要性和重要性，并在梳理国内外现有文献研究现状及发展动态的基础上，提出本书研究的主要问题和研究目的，构建清晰的研究思路，并说明可能的贡献所在。具体介绍了本书选题的研究背景和意义、国内外研究评述、研究内容、研究思路与方法以及本书的可能创新之处。

第二章主要阐述关于银行业发展与企业效率提升的相关理论基础。为更好地回答本书核心研究问题，把握银行业发展在企业效率提升过程中发挥的作用机制，本章试图梳理整合现有研究中最为契合和适用的理论观点，为本书后续研究提供扎实的理论支撑和依据。因此，本章首先对银行业发展和企业效率的概念内涵进行界定，继而阐释了金融发展理论、金融结构理论、技术赶超理论等相关基础理论，最后从银行业整体信贷规模扩张与内部中小商业银行发展两个不同维度，分别探讨了银行业发展在改善企业全要素生产率过程中的可能作用机制。

第三章主要是对中国银行业发展历程和制造业效率提升路径的回顾与现实考察。本章旨在通过对我国银行业和制造业企业效率发展历程的回顾和发展特征的分析，诊断我国银行业发展以及制造业企业效率问题，为本书后续研究提供现实依据。具体而言，一是本章从银行业整体信贷规模与中小商业银行发展规模两个维度，分别梳理了中国银行业体制机制和中小商业银行的发展演变历程，在此基础上分析了我国银行业整体发展和中小商业银行规模扩张在不同时间或空间层面的发展特征与变化态势。二是本章基于现有文献梳理了我国制造业企业的技术赶超路径，并在此基础上分析了我国各制造业行业内部以及与世界技术前沿的生产率差异特征及其动态变化特点。

第四章主要是进行银行业整体信贷规模扩张对企业生产率提升影响的实证研究。本章主要采用中国沪深 A 股制造业上市公司数据和各城市银行业规模发展数据，通过构建一个银行业规模扩张影响企业技术赶超的计量模型，实证分析我国各城市银行业整体规模的扩张对企业全要素生产率提升速度的作用方向及其作用机制。在此基础上，进一步考察具有不同所有制结构、处于不同要素密集度（不同行业特性）行业以及不同制度环境背景下的企业全要素生产率提升速度受银行业整体规模扩张影响的异质性。为确保研究结论的稳健性与可靠性，本章还进行了工具变量回归、变换指标测度方法等一系列稳健性检验。

基于我国银行放松管制政策带来的中小商业银行规模扩张背景，第五章和第六章分别考察其对企业生产率增长的影响。由于目前我国以中小商业银行为对象的银行放松管制政策，其实施初衷主要是为了促进中小商业银行更好地服务当地中小企业的发展，而上市公司数据和中国工业企业数据所代表的企业样本存在显著差异①，因此，针对中小商业银行规模扩张如何影响企业生产率提升这一议题，本书分别提供了基于上市公司层面和中国工业企业层面的不同经验证据，以便为政策效果评估提供更充实的证据支持。这两章内容具体如下。

第五章基于中国工业企业数据，从企业与世界技术前沿的差距视角，展开中小商业银行规模扩张对企业生产率提升的影响的实证研究。本章基于我国以中小商业银行分支机构市场准入为对象的银行放松管制政策背景，分析该政策的具体落实效果，即我国中小商业银行分支机构是否呈现出与政策契合的扩张特征，进而引出我国中小商业银行规模扩张的制度背景。在此背景下，本章借助中国工业企业数据、我国各地级行政区域层面的商业银行分支机构数据以及美国国家经济研究局—美国人口普查局经济研究中心（NBER-CES）的四位数制造业层面数据，从企业与世界技术前沿的距离视角，检验中小商业银行规模扩张对企业劳动生产率增长的影响及具体作用机制。在此基础上，进一步考察具有不同所有制结构、不同规模以及处于不同制度环境背景下的企业劳动生产率提升速度受中小商业银行规模扩张影响的异质性。为确保研究结论的稳健性与可靠性，本章还进行了工具变量回归、变换指标测度方法等一系列稳健性检验。

第六章基于中国上市公司数据，从国内层面同行业内企业异质性生产率视角，展开中小商业银行规模扩张对企业生产率提升的影响的实证研究。前一章主

---

① 第一，中国工业企业数据库中包含的企业多为非上市企业，相对于上市公司而言规模较小，更契合该研究问题。第二，鉴于全要素生产率是衡量企业技术进步的有效指标，而中国工业企业数据库中全要素生产率指标的可得区间较短，因而基于上市公司数据的讨论也极为必要。

要结合我国工业企业数据和世界层面制造业生产率数据，从工业企业与世界技术前沿的差距视角，考察了中小商业银行规模扩张对企业劳动生产率提升的影响。与此不同，本章主要借助我国沪深 A 股制造业上市公司数据和各城市商业银行分支机构数据，从国内层面同行业内企业技术前沿距离视角，考察我国中小商业银行规模扩张对企业全要素生产率提升的影响及其影响机制，以期为该议题提供基于上市公司层面的经验证据。同样地，本章也进一步考察了具有不同所有制结构、不同规模以及处于不同制度环境背景下的企业全要素生产率提升速度受中小商业银行规模扩张影响的异质性。为确保研究结论的稳健性与可靠性，本章还进行了工具变量回归、变换指标测度方法等一系列稳健性检验。

第七章主要为研究结论与相关政策建议。首先，对本书的主要研究问题和研究结论进行总结。其次，基于已有研究结论，提出优化中国银行业发展体系和以制造业企业为代表的实体经济效率提升和高质量发展的可能路径，为提高我国银行业在不同维度上更好地服务制造业效率提升，提供有益的决策参考。最后，本书还根据研究可能存在的不足，提出了进一步可拓展的研究方向。

三、研究方法

根据本书的研究思路和主要研究问题，采用了定性分析与定量分析相结合、规范分析与实证分析相结合的方法。其中，定量分析和定性分析分别从"量"和"质"的角度去分析事物发展特征，两者相结合研究相关问题是经济分析中的常用方法。本书一方面，从理论层面梳理和分析了银行业发展对企业生产率的影响效果及其作用机制，以尽可能找到银行业发展与企业生产率之间存在的"质"的关系，另一方面，通过对银行业和制造业企业生产率发展现状进行"量"上的统计与分析，结合相关实证模型的构建与分析，最终综合定量分析与定性分析，以探究银行业发展对制造业企业生产率提升的具体作用路径。除此之外，本书还通过结合实证分析与规范分析这两种方法，力争实现理论与应用的有机结合。在本书中，规范分析是指对银行业发展影响实体经济中的作用机制作出价值判断，提出分析该问题的标准，确立相应理论前提，以作为指导我国相关政策制定的依据。实证分析则是在对现有数据收集整理的基础上，构建相关衡量指标，以相应计量方法对银行业发展与企业生产率提升之间关系进行回归分析，以得出能够对现实问题进行回应的有价值的政策建议。

本书使用的具体研究工具和方法如下。

1. 文献资料方法

本书的研究涉及银行业发展、银行业放松管制、银行业竞争、企业全要素生率以及技术赶超等相关领域的文献，通过对国内外现有文献进行大量的收集、筛选与整理，分析相关领域发展脉络并进行比较研究，力图把握本书相关研究的基础理论与最新研究动态，为本书后续研究奠定扎实的理论研究基础。通过对国内外现有文献的梳理与分析，本书发现尽管关于银行业发展与企业生产率关系的研究文献较多，但基于企业技术赶超视角对两者关系进行讨论的文献却寥寥无几，对此需要通过系统性研究，以更深入地认识银行业发展与企业生产率之间的关系，提出更为合理可行的政策建议。

除此之外，由于本书主要立足中国的银行业与制造业企业发展的现实背景，因此，考察银行业发展对企业生产率提升的作用效应，需要采用政策梳理方法，对我国国内现有与本书研究主题相关的领域内政府政策及其变革进行梳理，通过对相关政策的整理与分析，更进一步深入认识相关研究问题。

2. ACF 方法和 LP 方法

全要素生产率（TFP）作为企业效率的有效衡量指标，其测度的科学性与准确性直接关系到本书研究结果的稳健性与可靠性。一般认为，在估计企业全要素生产率时，采用 OLS 和固定效应模型的方法可能具有较大的内生性问题，由此延伸出了一种将非参数估计应用到生产函数估计中的非参数估计方法，具有代表性的估计方法包含 OP 方法（Olley and Pakes，1996）、LP 方法（Levinsohn and Petrin，2003）和 ACF 方法（Ackerberg et al.，2015）。然而由于 OP 方法要求估计样本中投资额不能为零，导致估计过程中会损失很多企业样本，因此，本书主要使用更可行且前沿的 ACF 方法和 LP 方法估计生产函数，并进一步测算获得企业层面的全要素生产率，以尽可能确保本书研究结论的可靠性。

3. 多元回归分析法和工具变量法

本书第三章、第四章和第五章中实证研究部分均采用了面板双固定效应模型，纳入多个控制变量进行基准回归分析，并通过构建合适的工具变量进行 2SLS 估计，以尽可能削弱内生性问题，最终更科学有效地从银行整体规模扩张和银行业内部中小商业银行规模扩张两个维度，分析其对企业全要素生产率提升的影响效应。

4. 比较分析方法

首先，就生产率指标而言，本书分别在宏观国家层面、微观企业层面对比分析了我国国家整体、不同行业甚至同一行业内不同企业之间的生产率差异。其次，本书还对比分析了我国不同年份不同城市的银行整体规模、中小商业银行规模以及网点布局等银行业发展状况，以助于发现问题提出问题，为后面研究提供可支撑的事实依据。

第四节 国内外研究现状述评

一、异质性生产率与技术赶超研究

（一）异质性生产率与技术赶超

发展经济学理论认为，技术水平差距是导致后发经济体与前沿经济体经济差距的根本原因。学术界对于技术追赶问题的探讨最早可以追溯至美国哈佛大学著名经济史学家格申克龙（Gerschenkron，1962）的开创性研究，其通过对欧洲相关国家经济发展模式的研究，提出相对后发优势理论，即经济体越落后其发展速度越快，经济发展的差距可以成为相对落后的经济体向领先型经济体赶超的动力。此后，越来越多的文献基于国家或特定产业等宏观层面研究技术赶超问题。例如，阿布拉莫维茨（Abramovitz，1986）通过分析 16 个国家初始劳动生产率与后续劳动生产率变化之间的关系，证实了落后经济体向技术前沿经济体收敛现象的存在。后续跨国或跨行业相关实证研究则重点关注这种技术水平差距的存在所产生的经济后果。例如，格里菲斯等（Griffith et al.，2004）使用 12 个 OECD 国家不同行业数据实证研究发现，一国研发强度对 TFP 增长率的影响取决于与技术前沿的技术水平差距。尼科莱塔和斯卡尔佩塔（Nicoletta and Scarpetta，2003）基于产品市场管制对生产率增长影响的视角，发现经济体离技术领先者越远，自由化带来的生产率增长越大，即限制产品市场进入的管制可能通过降低竞争压力、技术溢出或新的高科技公司的进入，从而阻碍现有技术的采用。阿玛布尔（Amable et al.，2010）对类似问题进行考察，发现产品市场监管对创新的负向影响更多体现在非前沿行业，随着行业接近技术前沿，产品市场监管能够促进创新，从而使追随者更加难以追赶。对此，布莱斯等（Bourlès et al.，2013）认为，仅关注行业内部竞争程度对生产率增长的影响，忽略了不同行业尤其是上下游行业间市场力量强弱对生产率增长的重要作用，他们使用 15 个 OECD 国家 20 个行业的跨国面板数据，发现上游产品市场的反竞争管制显著抑制了生产率增长，且这种负向效应对于那些接近技术前沿行业的生产率增长作用更显著。

事实上，技术水平差距引致的技术追赶现象同样广泛存在于微观企业层面。研究发现，各国行业内企业之间普遍存在巨大的生产力差异（Klette，1996；Griliches，1998；Sutton，1998；Klette and Kortum，2004；Syverson，2011）。诸多实证文献使用中国制造业企业层面数据研究表明，中国制造业企业之间也同样存在着显著的生产率差距，并且这种生产率差异的存在可能代表着资源错配的程度（Hsieh and Klenow，2009；谢千里等，2008；聂辉华和贾瑞雪，2011；罗德明等，2012）。然而，根据相对后发优势理论，同一行业内的后发企业进行技术追赶的动力之一正是来源于其与技术前沿的生产率差距。原因在于，技术进步是自主创新与模仿相结合的结果（Benhabib and Spiegel，1994；Acemoglu et al.，2003，2006；Vandenbussche et al.，2006）。换言之，企业通常可通过两种途径以获得技术进步，一种途径是通过努力自主研发创新，另一种途径则是通过学习与模仿其他前沿企业的技术与管理经验而获得。处于不同技术状态的企业在追求发展时，会选择不同的技术进步方式。对于那些接近或处于技术前沿的企业来说，自身的研发和创新比模仿更重要（Acemoglu et al.，2003，2006）。而对于那些距离技术前沿差距较大的企业而言，选择以学习和模仿技术前沿为主的策略能够更低成本、更快速地实现自身技术水平的提升。这类企业也被称为后发企业，即初期资源比较缺乏但以实现追赶为目标的企业，其学习与模仿行为则被称为技术追赶（Mathews and Cho，1999）。现有众多实证文献发现，这种学习和模仿先进技术和管理经验的行为不仅存在于东道国企业与外资企业中（蒋殿春和张宇，2008；罗雨泽等，2008；吴延兵，2008），同样也存在于一国内部企业之间（Girma and Kneller，2005；Griffith et al.，2009；Chevalier et al.，2012）。例如，由于市场管制的放松以及外资企业的市场进入，当地企业可以学习与模仿的机会增加，进而会对当地企业的技术追赶行为和绩效产生显著影响（Djankov et al.，2002；Nicoletti and Scarpetta，2003；Aghion et al.，2009）。但目前来看，现有文献对于中国国内企业间的技术追赶行为研究仍缺乏足够重视。

（二）异质性生产率、企业技术追赶与公共政策

已有研究表明，企业在技术追赶过程中会受到诸多因素影响，进而影响其追赶绩效。一般而言，一国的制度环境或公共政策会影响企业对创新或模仿等技术进步方式的选择。经济合作与发展组织（OECD）曾开展了一系列相关研究探讨公共政策如何影响企业生产率以及通过何种渠道发挥作用，例如，谢长廷（Hsieh，2015）针对此问题的一个综述。基于此，一个重要的问题是，当前沿技术差距普遍存在时，企业的生产率提升如何受到公共政策或公共制度环境的影响。现有文献从制度环境、政府管制、竞争政策、对外开放、税收政策等多个角度探讨了该问题。例如，杨本建等（2016）从制度环境角度入手，分析影响交易的合约执行效率对中国企业技术赶超效果的影响，发现合约执行效率对企业的技术追赶具有正向作用，且对于不同技术水平的企业，这种作用呈现出显著差异，越靠近技术前沿的企业，其技术追赶受到合约执行效率的影响越大。使用欧洲国家公司层面数据，阿诺德等（Arnold et al.，2011）考察了当存在前沿技术差距时，产品市场管制如何影响企业的全要素生产率。使用经济合作与发展组织（OECD）国家的公司面板数据，本艾哈迈德和多尔蒂（Ben Yahmed and Dougher-ty，2017）研究了当存在前沿技术差距时，进口渗透对企业全要素生产率增长的

影响。而丁等（Ding et al.，2016）则使用中国数据验证了阿根等（Aghion et al.，2005）的理论观点，即如果企业或所处行业接近世界前沿，则进口竞争会激励国内企业的生产率增长和研发支出，然而对于落后的企业或行业，进口竞争则可能存在不利影响。作为公共政策的重要组成部分，公司所得税高低会影响投资的税收收益，因而杰梅尔等（Gemmell et al.，2018）使用 11 个欧洲国家或地区的企业层面数据，探讨较高的公司税率是否降低了小公司向生产率前沿收敛的速度。其研究表明，当法定公司税率较高时，其生产率追赶速度就会变慢。

综上所述，国内外现有前沿文献从宏微观不同层面分别强调了技术水平差距的广泛存在性及其引致的技术追赶问题，然而在中国经济转型与巨大生产率差距共同存在的背景下，考察金融体系发展对微观企业效率提升作用及其有效机制的研究则有待完善。首先，现有研究多是基于国家或产业层面实证检验技术水平差异与技术追赶问题，而基于微观企业层面尤其是中国情境下国内企业层面探讨该问题的研究则较为缺乏。其次，现有研究从制度环境、政府管制、竞争政策、对外开放、税收政策等多个方面研究了政府公共政策对企业技术追赶的影响，有利于深入认识企业异质性生产率的存在如何影响相关政策的实施效果，然而尚未有研究系统探究银行系统的发展（包括银行业规模与内部结构）如何对企业技术追赶产生影响。特别是对于中国这种银行主导型金融体系的国家，银行这种间接融资方式是企业融资的主要来源，也是政府激励企业提高全要素生产率的重要金融支持方式。因此，系统研究银行业的发展如何作用于企业生产率，其作用效果是否受到企业不同技术前沿差距的影响，对于进一步明晰中国银行业发展如何更好地服务实体经济，助力中国制造业全要素生产率的提高具有重要意义。

二、金融发展与技术赶超研究

（一）金融发展在经济增长中的作用：整体视角

格利和肖（Gurley and Shaw，1955）、戈德史密斯（Goldsmith，1969）和希克斯（Hicks，1969）的开创性著作强调了金融与经济增长之间密不可分的联系。后续大量研究探讨了金融系统发展如何通过改善信息和交易成本、优化资源配置、促进技术创新等方式促进经济增长（Levine，2005）。具体来说，已有研究从多个视角探讨了金融发展促进经济增长的作用机制。例如，通过促进再投资，使资本获得更高的回报率以实现经济增长（Boyd and Prescott，1986；Greenwood and Jovanovic，1990）；通过完善契约激励，降低项目监督与管理成本（Diamond，1984；Morales，2003；Greenwood et al.，2010）；通过有效的管理分散风险、促进风险的对冲（Levine，1991；Acemoglu and Zilibotti，1997；Allen and Gale，1997；Aghion et al.，2010）；通过影响生产率增长进而影响经济增长（King and Levine，1993；Levine and Zervos，1998；Beck et al.，2000；Jeong and Townsend，

2007）。这些作用机制的核心均体现的是金融发展能够通过充分发挥自身功能来加速经济增长。

近些年来部分研究开始强调金融发展与经济增长之间的关系是非线性的（Cecchetti and Kharroubi，2012；Silva et al.，2017）。这意味着金融发展水平仅在一定程度上支持经济增长，此后它可能成为增长的阻力。劳和辛格（Law and Singh，2014）发现金融发展与经济增长之间的关系呈倒"V"形，其中私营部门的信贷达到 GDP 的 80% 是一个转折点。阿坎纳等（Arcand et al.，2015）使用不同的方法估计该门槛约为私人信贷占 GDP 的 100%，并发现了两者之间的倒"U"形关系。此外，萨海等（Sahay et al.，2015）表明，金融发展的速度也很重要。他们证明，如果发展过快，金融深化会导致经济和金融不稳定。席尔瓦等（Silva et al.，2017）发现金融发展加剧了增长的动荡性。对此，部分研究认为，金融体系结构的转换可能导致这种非线性关系的产生。例如，代达和法图（Deidda and Fattouh，2008）基于理论模型的分析发现，由银行主导的金融体系向同时拥有银行和金融市场的体系转变会对经济增长产生负面影响。总的来说，当前相关研究越来越倾向支持"过多的金融发展"可能对经济增长有害的观点。

（二）金融结构与经济增长的关系：与实体经济互动视角

鉴于银行和金融市场是金融体系结构的两个重要组成部分，已有研究相继围绕两种类型金融机构的资源配置效率问题进行了探讨。就银行作用效果来看，银行在"标准化"信息的收集和处理、控制违约信用风险以及评估抵押物价值方面具有显著优势，更容易发挥自身的制度特性支持实体经济（Allen and Gale，1999，2000；龚强，2014；张一林等，2016）。而当为技术和产品较新的高风险项目提供融资时，银行通常难以获取有效的企业内部信息以进行理性的信贷决策，并且银行的资金监督措施也难以有效实施，导致金融资源配置效率下降（Allen and Gale，2000）。企业研发创新的高度不确定性和高风险与银行只能获得固定利息但却要承担高风险的机制不相匹配，导致银行缺乏足够激励支持技术创新企业（Stiglitz and Weiss，1981；林志帆和龙晓旋，2015；张一林等，2016）。此外，一些研究指出，在银行为主的金融体系中，企业为获取银行融资需要让渡大量的收益，这导致企业经营创新性、盈利性项目的努力程度降低，而倾向于采取"慢生长"的发展策略（Rajan，1992；Weinstein and Yafeh，1998）。相比之下，由于金融市场允许投资者根据自身的风险收益偏好做出投资决策，因此金融市场就具有为新兴产业和创新研发筹集资金的比较优势（Allen and Gale，1999，2000；龚强，2014；张一林等，2016）。布朗等（Brown et al.，2009）和布朗等（Brown et al.，2012，2013）的研究同样表明金融市场使得更多的资金流向了更具创新性的、年轻的公司，并且促进了对研发的更多投资。

进一步的研究旨在厘清两种不同类型的金融机构影响实体经济的不同机制。

相关研究集中于探讨银行和金融市场如何通过不同的渠道影响经济实体，以及这种影响如何取决于经济的结构特征。一些研究认为，银行和股票市场的相对优势取决于经济发展阶段，尤其取决于一国的法律和制度环境。例如，拉詹和津加莱斯（Rajan and Zingales，1998）认为，在法律体系薄弱的制度环境中，银行更为有效，而股票市场的有效性则依赖于严格的法律环境和高效的合约执行效率。另外一些研究则认为，根据特定国家的特征，银行和股票市场提供的服务对经济活动会产生不同的影响。例如，塔德塞（Tadesse，2002）发现，在金融不发达的国家和以小企业为主的国家中，以银行为主导的金融体系似乎更有效，而在金融发达国家和以大企业为主导的经济体中，基于股票市场的金融体系更为有效。以林毅夫为代表的一些学者则从经济发展中产业结构动态变迁的角度对金融结构的作用机制进行了分析（林毅夫等，2009；龚强等，2014；Lin et al.，2013；Lin et al.，2015；杨子荣和张鹏杨，2018）。他们认为，对金融服务的需求受经济发展水平和产业结构的影响。也就是说，不同经济发展阶段的要素禀赋结构决定了相应阶段的最优技术结构与产业结构，不同的技术结构与产业结构代表了不同的风险特性，进而决定了不同时期的最优金融结构选择与安排。卡尔和徐（Cull and Xu，2013）使用89个国家的公司层面数据和金融结构数据也证明了类似的观点。林志帆和龙晓旋（2015）则进一步使用多个国家层面的面板数据对该观点进行实证检验，发现金融结构对技术进步的影响取决于一国与世界技术前沿的距离。在远离前沿的技术水平上，以银行主导的金融结构对技术进步具有正向影响，但当一国靠近世界技术前沿时，这种正向影响逐渐转为负向。

综上所述，关于金融发展与技术赶超相关研究，诸多文献越来越强调金融发展与效率提升或经济增长之间的非线性，且当前研究越来越倾向于支持"过多的金融发展"可能对经济增长有害的观点。此外，在考察金融发展与经济增长的非线性关系时，较多的研究关注了两种不同类型的金融机构影响实体经济的不同机制，并聚焦于不同类型金融机构与实体经济互动的视角，如与产业结构匹配的动态视角，探讨金融机构服务实体经济的作用效果。这为后续研究提供了重要参考思路。然而，现有研究基于宏观国家或产业层面或基于理论层面探讨上述金融结构与实体经济互动机制，并未关注到微观企业层面，也未能在微观企业层面提供相关实证证据支持。因此，本书基于微观企业层面数据，并从企业技术前沿距离的角度，探讨金融发展尤其是银行业发展对实体经济的作用效果，有利于从微观企业层面进一步推进银行业发展对实体经济作用机制的认识和理解。

三、银行管制放松与技术赶超研究

（一）银行管制放松：市场准入视角

作为金融资源的供给方和金融服务的主体，银行业长期受到政府规制的影响。由于外部性、市场势力以及信息不对称等问题的存在，政府对银行业的管制是非常必要的（Gowland，1990；晏宗新，2009）。在监管实践中存在诸多形式的银行业管制，包括经营范围业务管制、存贷款利率管制、并购管制以及准入规制等。其中非国有资本准入（外资和民营资本准入）管制、分支机构市场准入（新银行分支机构的设立）管制等是准入管制的典型代表。针对非国有资本准入（外资和民营资本准入）管制的研究实质上是考察不同的银行治理结构带来的后续影响。主要的研究主题涉及银行市场规模与外资银行准入难易程度（Goldberg and Grosse，1994）、治理结构对银行业整体发展的影响（张杰，2004；Jiang et al.，2013；Cheng et al.，2016）等。例如，伯杰等（Berger et al.，2009）研究了中国1994~2003年银行业的效率，并认为外资拥有少数股份有利于提高中国银行的效率。但更多地聚焦分支机构市场准入管制这一视角进行银行业管制放松的相关研究（Grabowski，1994；Jayaratne and Strahan，1996；Beck et al.，2010；Jiang et al.，2019）。

（二）银行管制放松的经济后果研究

已有研究主要围绕银行放松管制对银行自身和实体经济两个层面的影响效应展开。对于银行自身的影响效应研究主要集中在银行管制放松如何影响银行竞争以及银行经营绩效等方面。对于实体经济的影响效应研究则涉及宏微观经济主体诸多方面，但本书着重梳理银行放松管制和银行竞争对微观企业信贷约束的影响。

大多文献主要聚焦银行放松管制如何影响银行竞争和银行绩效等视角，考察银行放松管制对银行业自身的影响后果。已有研究表明，银行分支机构准入管制的放松是银行市场竞争能力变化的源泉。大量研究基于美国各州放松银行分支机构准入背景，讨论了准入管制放松的经济后果。多数研究发现，通过降低监管壁垒，允许银行向新的地区扩张，低效率银行逐渐被高效率银行取代（Jayaratne and Strahan，1998；Stiroh and Strahan，2003），同时有助于分散银行本地的特有风险（Goetz et al.，2016），降低银行的运营成本，提高银行的贷款质量，加速经济增长（Jayaratne and Strahan，1996；Jayarathe and Strahan，1998）。

仅有极少数研究基于中国背景探讨银行管制放松的后续影响。与美国银行分支机构准入管制由各州负责不同，中国的银行分支机构准入管制由银保监会主导。银保监会主导下的银行管制放松政策往往不具有显著的地域差异，因此对相应政策效应的有效识别成为一个难题。这可能是限制现有研究进展的主要原因。齐某那等（Chemmanur et al.，2019）利用中国加入WTO这一准自然实验考察银行竞争如何影响银行的筛选效率。研究发现，中国加入WTO后，银行信贷对于借款企业的业绩更加敏感，且随着银行业竞争的加剧，银行提供贷款的筛选越来越严格。另外，据本书所知，截至目前仅有两篇研究，均基于中国银监会2009

年出台的中小商业银行分支机构准入放松政策，探讨了其后续影响。其中，蔡卫星（2016）研究发现，这一管制放松政策的实施对商业银行跨区域经营具有显著积极影响，使得股份制商业银行和城市商业银行这两类中小商业银行的异地分支机构数量均显著增加。他们借助这一政策进一步构造跨区域经营的工具变量以考察对银行绩效的影响，发现跨区域经营能够增加银行的市场份额、提高净息差并改善银行的收入结构。利用中国独特的个体银行—企业层面的贷款数据区分管制放松政策的地区差异，高等（Gao et al.，2019）基于中国这一管制放松政策的背景，采用 DID 模型考察其如何影响股份制商业银行的后续表现。研究发现，中小商业银行分支机构准入管制放松后，那些受政策影响地区的股份制银行分支机构数量和贷款总额显著增加，而国有五大行并没有相应的显著变化。进一步，他们还发现管制放松使得新进入的股份制银行提高了筛选标准、降低了贷款利率，并且降低了企业的贷款拖欠率。综上而言，少数基于中国背景的研究也支持了银行放松管制对于银行竞争的积极效应。

关于银行竞争对实体经济的影响研究，涉及宏微观经济主体诸多方面。宏观层面包括产业结构（Bertrand et al.，2007；Lin et al.，2015；Ye et al.，2019）、收入分配（Beck et al.，2010）、商业周期（Morgan et al.，2004）等；微观层面则涉及企业家精神和初创企业成长（Black and Strahan，2002；Cetorelli and Strahan，2006；Kerr and Nanda，2009；Krishnan et al.，2015）、公司借贷、投资和增长（Zarutskie，2006；Rice and Strahan，2010；Berger et al.，2017；边文龙等，2017）、技术创新（Amore et al.，2013；Chava et al.，2013；Cornaggia et al.，2015；唐清泉和巫岑，2015；蔡竞和董艳，2016；巫岑等，2016；张杰等，2017）。但本书着重梳理银行放松管制和银行竞争对微观企业信贷约束的影响。

关于银行市场竞争如何影响企业信贷，主要存在"市场力量假说"和"信息假说"两种相互竞争的观点。"市场力量假说"认为，垄断性的银行结构会导致较高的贷款利率和有限的信贷供给（Beck et al.，2004；Cetorelli and Strahan，2006），而增强银行市场的竞争能够降低贷款利率，减轻企业的信贷约束，增加企业信贷可得性（Carbo-Valverde et al.，2009；Chong et al.，2013；Ryan et al.，2014；Love and Martínez Pería，2015）。与之相反，"信息假说"认为，竞争对信贷的影响与市场中的信息不对称程度有关（Dell'Ariccia and Marquez，2006），激烈的竞争可能会削弱银行从关系贷款中获取信息租金的能力（Petersen and Rajan，1995），从而降低银行筛选和监督那些信息不透明企业的动机。

对于以上观点存在的分歧，一些研究基于银行规模与企业规模相匹配的视角探讨了规模—结构假说（Jayaratne and Wolken，1999；Nakamura，1994；Berger and Undell，1995，1998；Berger et al.，1998；Lin et al.，2015；张一林等，2019）。这类研究主要强调的是大银行倾向于服务大企业、小银行倾向于服务小企业的观点。伯杰和尤德尔（Berger and Udell, 1996）首次研究了大银行和小银行向中小企业贷款的差异，结果发现大银行较少向中小企业提供关系型贷款。对此，后续研究从大小规模银行各自的比较优势探讨了该现象背后的原因。例如，斯坦因（Stein, 2002）、伯杰和尤德尔（Berger and Udell, 2002）均从银行组织结构视角出发，认为相对于大银行而言，小银行的组织结构相对简单，较少的代理问题使得小银行比大银行在识别中小企业软信息方面具有比较优势，从而能更好地提供关系型贷款。张一林等（2019）认为，从中小企业自身的企业特性来看，中小企业不太容易从大型银行中获得成本较低且较高效的资金支持。这是因为，大银行相对较多的组织层级和严格的贷款要求与中小企业缺乏贷款抵押物的企业特性不相匹配，这种难以克服的信息不对称的存在，就导致了大型银行较少主动地为中小企业提供金融服务。

（三）银行管制放松带来的银行竞争与企业全要素生产率

一些研究从宏观层面探讨了银行业结构对全要素生产率的影响。例如，吴晗和贾润崧（2016）利用我国工业企业数据从行业层面探讨了银行业结构对全要素生产率的作用，发现中小商业银行的发展可以改善信贷配置结构，进而有效地降低行业资源的错配程度，提高行业生产率。具体而言，中小商业银行的发展不但能够促使"僵尸企业"退出市场，还能够通过缓解高效率企业的融资约束进而助力其进一步生长。使用中国分省数据和 DEA 方法测算全要素生产率，珍妮尼等（Jeanneney et al., 2006）研究发现银行业竞争程度与全要素生产率增长显著正相关。然而张健华等（2016）同样基于中国分省份数据，但根据双向距离函数（可以同时对产出和投入进行调整）测算全要素生产率，结果未发现银行竞争程度的增加在整体上能够显著提升全要素生产率。但是这种效应的显著性会随着信贷环境和信贷资源供给的不同而改变。即当信贷资源供给较低，且信贷环境较好时，这种正向作用才可能显著，但是信贷资源供给越高或信贷环境越差，这种效应就会变得越来越不显著。

由于基于银行业市场结构与省份或行业等宏观层面生产率关系的研究可能面临着不可避免的内生性问题，一些研究利用企业层面数据为银行竞争与生产率的关系提供了微观证据。大多研究均支持银行竞争对企业生产率的正向促进作用。例如，克里希南等（Krishnan et al., 2015）基于美国小型企业管理局（small business administration）规定的资金资助资格标准构造断点回归方法，考察州际银行放松管制后增加的银行融资渠道对公司全要素生产率的影响。研究发现，实施这些放松管制之后，企业的全要素生产率会显著增加。特别是对于那些有融资约束的公司而言，其 TFP 在银行放松管制之后的增长效应更大。这是因为融资渠道的增加使那些原本受融资约束的公司可以投资于新的生产性项目。使用中国工业企业数据，蔡卫星（2019）研究发现，竞争性的银行市场结构通过缓解企业融资约束从而显著提高了企业全要素生产率，并且银行竞争对企业全要素生产率的促进作用主要体现在面临更大融资约束的企业、小规模企业、非国有企业、新企业以及高技术行业中的企业中。

综上所述，关于银行管制放松带来的银行竞争与企业技术赶超相关研究，现有文献主要从银行管制放松内涵、银行管制放松对银行业本身及实体经济的影响效应以及银行竞争对企业全要素生产率的影响后果这三个方面进行了分析，然而仍存在诸多问题需要深入探讨。首先，已有研究大都是基于美国各州放松银行分支机构准入背景的讨论，缺乏中国背景下银行管制放松的相关讨论；其次，大多数研究均集中于探讨银行业竞争或银行业结构对企业全要素生产率的直接作用效果，从企业技术前沿差距的视角，探讨银行业竞争或银行业管制放松对企业技术进步方式的选择，进而对企业全要素生产率改善路径的影响，现有研究极为欠缺；最后，尽管已有大量研究讨论了小银行优势理论，但是尚未有研究从企业技术追赶的视角去检验该理论。

四、现有文献评述

（一）现有文献主要贡献

通过对现有文献分析发现，关于银行业发展、企业全要素生产率和技术追赶的相关研究一直是学术界关注的热点问题，国内外诸多高质量研究成果为相关领域后续研究提供了丰富的理论素材。总体而言，现有研究的主要贡献体现在以下两个方面。

1. 对于改善企业全要素生产率的外部环境作用机制研究形成了较完善的框架

对于影响企业全要素生产率提升的相关因素研究，国内外学者从内部动机与外部环境等不同视角进行了广泛探讨。特别是围绕外部环境政策，如市场运行机制、政府财税金融政策等是否影响企业生产效率，以及如何影响企业生产效率，现有学者进行了系统分析，并剖析了目前中国企业全要素生产率的发展现状及潜在问题。一般而言，外部制度环境和政府政策会影响企业选择技术进步方式的动机，进而影响企业全要素生产率的提升。与此同时，同一国内不同地区外部制度环境，如市场环境等存在着显著差异，因此需要从不同地区市场环境角度探讨企业生产率提升以及经济动能转换问题。在中国银行主导型的金融体系下，银行资金是企业融资的主要来源，而不同省份城市之间银行业发展差异显著，因此，现有研究对于企业生产率提升中外部环境作用机制，尤其是金融发展作用机制的研究提供了有益的理论分析框架。

2. 对于异质性生产率、效率提升与金融发展之间的关系认识形成了诸多理论共识

近年来，国内外关于生产率差异、效率提升与金融发展关系的研究形成了较多理论共识。首先，关于异质性生产率与效率提升。现有研究普遍认为，生产率差距在不同国家之间、国家内部之间又或不同行业之间与行业内部之间广泛存在，其中巨大生产率差距的存在形成了生产率总体变化的重要驱动力。其次，关于金融发展对效率提升与经济增长的影响。越来越多的研究着眼于强调金融发展作用的非线性，且当前研究越来越倾向于支持"过多的金融发展"可能不利于经济增长的观点。最后，关于金融发展对效率提升或经济的作用机制研究。不同发展阶段产业特性或企业特性不同，不同金融发展方式作用效果显著不同，因此对于金融发展对实体经济的影响效果考察，应基于动态视角。

（二）现有文献主要不足

现有国内外研究广泛探讨了企业全要素生产率的发展特征以及金融体系发展对全要素生产率的作用效果，但对于中国背景下金融发展尤其是银行业发展如何作用于企业生产效率，现有研究仍缺乏深入探讨。具体而言，现有文献的不足之处主要体现在以下几个方面。

第一，已有文献多是基于金融系统，尤其是金融中介的基本功能视角或经济实体的资金需求面视角考察银行业发展对企业生产率的影响机制，却忽略了企业自身所处的技术状态特性在其中的作用。由前文文献可知，异质性生产率普遍存在于宏微观主体不同层面，且在发展中国家表现更为突出。这就意味着以全要素生产率为代表的企业技术水平在不同时期表现参差不齐，从而影响企业技术进步方式的选择与其风险特性。在此基础上，以银行业为代表的金融体系发展对企业全要素生产率增长的影响，是否与企业不同技术前沿距离状态有关？对于不同技术状态的企业生产率增长的影响有何不同？回答这些问题有助于当前实践中企业全要素生产率提升路径的探寻，其重要性毋庸置疑。

第二，关于银行业扩张对实体经济技术赶超的影响，已有文献多从宏观国家层面或产业层面展开实证研究，而基于微观企业层面的证据则较为缺乏。根据本书前文文献分析，目前仅有少量文献从宏观国家层面探讨了我国以银行为主导的金融结构在技术追赶过程中的作用效应，如林志帆和龙晓旋（2015）。然而，基于宏观层面的研究侧重于分析的是不同国家金融制度安排的差异对技术赶超的影响。在同一国家金融制度安排下，细分我国国内不同省份甚至同一省份不同城市之间均存在银行业发展不平衡问题，在此背景下，有必要基于更具体的地区银行业发展数据，探讨其对微观企业技术赶超的影响，从而为相关领域研究提供微观证据支持。

第三，与美国等发达国家以大型银行分支机构市场准入为主的银行放松管制政策背景不同，我国银行业的放松管制政策主要针对以股份制商业银行和城市商业银行为代表的中小商业银行市场准入。在此背景下我国银行业的放松管制政策是否显著带动了中小商业银行的规模扩张，进而影响到微观企业的全要素生产率变化及其技术追赶速度，这一问题目前尚未得到文献的系统关注。基于此，本书以中国独有的银行放松管制带来的中小商业银行规模变化特征背景，研究我国银行业内部中小商业银行规模的扩张如何影响企业生产率的变化，以期实现对我国现有银行业放松管制政策的有效评估，并在此基础上提供可行的政策指向。

第四，从银行系统发展角度探讨公共政策在企业技术赶超中的作用研究较为缺乏。国内外现有研究从制度环境、政府管制、竞争政策、对外开放、税收政策等多个方面研究了政府公共政策对企业技术追赶的影响，但银行作为企业成长过程中重要的资金支持来源，其整体规模扩张与内部结构调整如何影响企业技术追赶，目前尚未有研究进行系统探究。

第五节　研究的主要创新点

本书系统研究了我国银行业整体信贷规模扩张、银行业内部中小商业银行规模扩张对企业劳动生产率增长、全要素生产率增长的影响，与已有相关文献比较，本书可能的贡献之处主要包括以下几个方面。

第一，从企业技术前沿距离这一全新视角实证分析银行业发展对企业生产率提升的作用机制，拓展了有关银行发展与企业生产率的文献研究。从研究视角上来看，已有研究多基于企业资金需求与银行资金供给匹配视角分析银行业发展与银行业结构对企业生产率的作用机制，但忽略了企业自身技术状态的重要角色。本书基于企业技术前沿距离这一新颖视角，从银行业整体规模与银行业内部中小商业银行规模扩张两个维度，分别考察其对企业生产率提升的影响机制，有助于从企业技术赶超与银行特性匹配的角度进一步理解银行业发展对实体经济效率提升的具体作用机制。

第二，本书率先从国内和国际两个不同视角构建企业技术前沿距离，以考察银行业内部中小商业银行发展对企业生产率提升的影响机制。已有文献多基于国内同行业层面或国际同行业层面的单一视角衡量企业技术前沿距离（杨本建等，2016；Ding et al.，2016），然而企业技术追赶可能发展在国内同行业层面，也可能面向世界技术前沿，因此，本书在研究中小商业银行发展对企业生产率增长的影响机理时，分别考虑了企业在国内层面的技术前沿距离和国际层面的技术前沿距离。结果发现两种度量方法之下得到的结论较为一致，证实了不同维度的前沿距离设定的稳健性，为相关领域的分析工具和检验方法研究提供了一个可借鉴思路。

第三，本书研究表明，银行业内部中小商业银行规模扩张对后发企业技术追赶的正向作用，对于小规模企业表现更加显著，继而从企业技术追赶的视角为

"小银行优势"假说提供了证据支持。

第四，本书研究发现，银行整体规模扩张对企业生产率增长的影响依赖企业本身所处的技术状态，即更有利于提高后发企业的技术追赶速度。这一结论与龚强等（2014）、张一林等（2016）的理论分析观点高度一致，从微观企业层面提供了实证证据，并与林志帆和龙晓旋（2015）基于国别经验数据的研究结论相呼应。

第二章
银行业发展对制造业企业效率提升的影响路径分析

本章先详细阐述了与银行业发展以及制造业企业效率提升相关的各种理论，并进一步根据已有理论基础对银行业发展影响制造业企业效率提升的具体机制进行了深入探讨，从而为本书后续各章节的分析奠定扎实的理论基础。

第一节　银行业发展促进制造业企业效率提升的理论基础

金融发展理论、金融结构理论和技术赶超理论共同构成本书研究的相关理论基础。银行业发展与实体经济的关系研究不仅涉及银行发展本身也涉及企业与所在产业等实体经济主体。因此，相关理论基础不会来源于单一理论或学科，而是需要对现有相关理论成果综合进行分析。

一、金融发展理论

（一）金融发展理论阐释

关于金融发展的概念与内涵，早期研究从不同角度进行了广泛界定。格利和肖（Gurley and Shaw，1955）提出，金融发展可以用金融机构数量以及金融资产规模的扩张来表示。戈德史密斯（Goldsmith，1969）则认为金融发展表现为金融结构的变化，其中金融机构和金融资产的变化可以度量金融结构。对此，默顿（Merton，1995）认为，金融结构可能会由于金融功能的变化而有所调整，因此，更为合理的是基于金融功能的角度去衡量金融发展程度。围绕金融市场化，麦金农（Mckinnon，1973）认为，对于金融抑制问题的缓解与金融市场活力的激发，应通过金融市场化改革的方式进行。肖（Shaw，1973）认为，金融深化（或金融自由化）是金融发展的重要内容，当政府放弃对金融体系的过分干预时，金融发展与经济增长之间就会形成相互促进的良性循环。

金融发展理论的核心在于探讨金融发展与经济增长的关系。基于对金融发展影响经济增长的作用机制探索，相继延伸出金融结构理论、金融功能观以及金融深化理论等经典研究。具体而言，以戈德史密斯（Goldsmith，1969）为代表的学者将金融发展理论拓展为金融结构理论。金融结构理论认为，金融工具的种类与功能、金融机构的数量与功能等均能体现金融结构，这些金融结构的变化则是金融发展水平及变化趋势的表现。通过对金融结构的调整，能够使得资源配置效率得到有效提升。通过对金融在经济发展中的具体功能剖析，以默顿（Merton，1995）为代表的学者提出了金融功能观。他们认为，金融本身具有分散风险、优化资源跨期和跨区域配置、动员储蓄、降低交易成本等功能，金融发展促进经济增长的主要机制就是通过对金融功能的不断优化而实现。麦金农（Mckinnon，1973）、肖（Shaw，1973）等学者发现政府对国内金融市场准入、金融机构业务等金融体制的不合理管制，会抑制金融系统的正常发展，使其在促进经济增长中的基本职能难以得到充分发挥，这被称为金融抑制现象。为此，他们提出了所谓的金融深化理论，即通过金融市场化改革，逐步减少政府对金融体制的过多行政干预，以优化金融市场环境、提高金融机构运营效率。此外，一些学者认为，国家或地区的投资者保护水平、产权保护制度等法治建设在金融发展进程中具有重要的作用，进而以拉·波塔等（La Porta et al.，1997，1998）为代表的学者开创了法与金融学理论相关研究。

（二）企业生产率改善过程中的银行业作用：基于金融发展理论的思考

围绕基本功能作用观，金融发展理论为本书分析银行业发展影响实体经济的基本路径提供思路。金融功能观认为，运作良好的金融中介与金融市场可以通过发挥分散风险与流动性创造、筛选和监督功能，优化资源配置，推进实体经济发展和技术进步（King and Levine，1993；Demirguc-Kunt and Levine，2008）。

具体而言，首先，在分散风险方面，高回报的项目一般意味着更高的投资风险，出于降低投资风险的考虑，投资者通常会回避高回报、高风险的项目。然而，金融系统不但可以通过构建多样化的投资组合，将高回报项目的投资风险进行有效分散，还能够凭借规模经济的优势，降低分散风险过程中产生的交易成本。

其次，就流动性创造方面，由于提供随时提取存款或卖出证券的服务，金融系统能够同时满足储户的流动性需求以及企业的融资需求（Diamond and Dybvig，1983；Gatev and Strahan，2006）。

再次，金融发展理论指出，通过发挥筛选功能，高效的金融中介体系如银行，可以对借款人的信用和投资项目的收益与风险进行评价，更有效地甄别项目的优劣，并筛选出效率较高的项目和最有可能创新成功的企业家，直接或间接地引导企业家选择正确的投资方向，从而有效地减少逆向选择行为的发生（Diamond，1984；King and Levine，1993）。

最后，不论是有关借款企业的财务状况等硬信息，抑或是企业声誉、企业家才能等软信息，通过发挥事中及事后监督功能，银行均能够利用多种途径和方式获得，从而可以有效地防止道德风险的发生。

另外，强调政府与金融体制关系的金融深化理论也为本书分析银行业发展影响企业效率提升的作用效果拓展了有益思路。尤其在当前我国不同地区制度环境差异较大的情境下，考察政府在银行业服务实体经济中的作用角色，对于建立以市场为主导的经济体制，充分发挥政府精准作用，具有重要理论与现实意义。

二、金融结构理论

（一）金融结构理论阐释

耶鲁大学教授雷蒙德·戈德史密斯（Raymond W Goldsmith）最早在其著作《金融结构与金融发展》中提出了金融结构理论。他认为，金融结构的演变构成了金融发展的趋势。金融结构理论的核心是考察不同类型金融机构以及其提供的金融工具的有效运行。不同属性与不同类别的金融机构和金融工具是度量金融结构的重要组成内容。从历史的角度看，金融结构一直随经济发展的演变而呈现动态变化，这进一步促进了金融发展水平的提升。据此，金融结构的长短期变化特征成为了衡量金融发展水平的有效参考。

20 世纪 90 年代逐渐兴起了金融结构"两分法"理论。根据该理论，金融结构主要指的是金融中介与金融市场的比例构成（Beck et al.，2000；Chakraboaty and Ray，2006）。德米尔古松和莱文（Demirgüç-Kunt and Levine，1999）根据金融中介机构和金融市场的规模和重要性差异，对世界各国的金融体系进行了划分。一方面，若银行在一国或地区的发展程度更高，则该国或地区具有"银行主导型"的金融结构；另一方面，如果相比银行，股票市场在该国或地区的发展比率更高，那么其金融结构则为"市场主导型"。

以林毅夫为代表提出的新结构经济学最优金融结构理论强调，最优金融结构内生于经济所处的发展阶段。最优金融结构理论提出，最优的金融结构安排应该以能够满足产业结构融资需求、风险特性与技术结构为宜（林毅夫等，2009；Lin et al.，2013；龚强等，2014；张一林等，2016；杨子荣和张鹏杨，2018）。一方面，银行和金融市场具有不同的制度特性；另一方面，不同行业的企业可能具有不同的规模与风险特性，面临着不同的融资需求。也就是说，实体经济对金融服务的需求在不同的发展阶段也可能存在系统性差异，综合情况下导致两种不同的金融结构安排在不同发展阶段对实体经济发展的作用有所不同。具体而言，当一个产业拥有相对成熟的技术和产品时，由于其面临着较低的风险与较稳健的资金回报，故而更容易从银行获取融资来源；而随着产业结构的优化升级，自主研发创新成为产业的技术与产品保持前沿的关键所在，此时较高的技术与市场风险下，需要金融市场的支持才能有效满足产业的资金需求。

与此同时，在中国以银行业为主导的发展中国家，除了探讨银行与金融市场的最优比例构成外，银行业结构的最优选择同样至关重要。对此，与最优金融结构理论的逻辑框架相类似，张一林等（2019）的理论研究表明，一个国家的最优银行业结构也会由于所处发展阶段的不同而变化。他们的研究支持了大银行服务大企业、小银行服务小企业的理论观点。围绕该核心观点，他们提出，一个国家最优银行业结构的选择取决于不同规模企业的相对构成，这是由于经济发展过程中产业特性的差异所形成的。具体而言，当产业的资本密集程度越高时，产业内部大规模企业的平均构成往往越多，此时由于大银行与大企业规模更为匹配，因此大型银行在银行业中所占据的比例应当更高；反之，当产业呈现的是较低的资本密集度时，产业内部中小企业的占比会越多，此时与其相匹配的中小商业银行在银行业中占比应相对更高。

（二）企业生产率改善过程中的银行业作用：基于金融结构理论的思考

新结构经济学的最优金融结构理论从宏观层面探讨了金融支持在服务实体经济时的最优结构安排及其背后的机制所在。这为本书基于微观企业层面考察以银行为代表的金融中介如何更有效地为制造业企业贡献力量提供了理论逻辑框架。本书认为，研究银行业的发展如何在改善企业全要素生产率的过程中发挥作用，同样需要考虑银行业自身制度安排的特性与企业提升生产率过程中具备的特性。换言之，如果一国的最优金融结构或是最优银行业结构会因其发展阶段的不同而变化，同理由于制造业企业在技术追赶过程中其技术状态也在不断变化，那么银行业的发展对企业全要素生产率的支持作用也可能会随其技术状态的不同而有所差异。

三、技术追赶理论

（一）技术追赶理论阐述

根据新古典经济学理论，相比较发达经济体，那些后发经济体通常会以更快的速度增长，最终向发达经济体趋近，即所谓的后发追赶过程。格申克龙（Gerschenkron，1962）最早系统阐述了后发优势理论，认为某些技术发展水平相对落后的经济体可以对处于前沿技术水平的经济体发生明显的赶超现象。技术赶超理论的核心观点是，后进国家技术水平距离国际前沿的差距越大，技术进步的速度就越快。后续实证研究验证了相关收敛过程（Nelson and Phelps，1966；Abramovitz，1986；Rodrik，2006）。阿布拉莫维奇（Abramovitz，1986）认为，与其说是落后状态令发展中国家具有更快的发展速度，不如说是处于技术落后但是社会进步的状态才使后进国家可以发掘出经济追赶的巨大潜力。

自20世纪起，越来越多的研究开始聚焦于识别国家、产业甚至企业技术追赶的不同阶段与成功路径。在这一阶段，以日本、韩国、新加坡和中国等为代表的新兴经济体逐渐崛起，这为进一步应用和拓展格申克龙（Gerschenkron，1962）的后发追赶理论提供了较好的研究情境。例如，基姆（Kim，1980）通过对韩国电子产业的研究，认为发展中国家产业创新能力的追赶需要经过技术引进、消化吸收（积累经验）和提高三个阶段。李和李牧（Lee and Lim，2001）基于韩国产业技术追赶的分析，研究了不同行业在不同技术体制背景下的追赶模式特征，提出了路径依赖追随式、路径跨越式和路径创建式三种不同的后发技术追赶模式。以中国为特有的研究情境，彭新敏等（2017）、郑刚和郭艳婷（2017）、刘海兵和许庆瑞（2018）和吴晓波等（2019）分别基于中国不同企业的典型案例，研究发现成功的企业通常会经历追赶阶段、超越追赶阶段和技术前沿阶段，并且企业的追赶内涵不仅包含技术层面的追赶，也包括市场层面的追赶。2016 年，创新经济学领域的国际顶级期刊《研究政策》（*Research Policy*）专门开设了关于技术追赶的特刊，以更深入地认识技术追赶的相关问题（Lee and Malerba，2017）。

近年来，相关研究逐渐集中于探讨影响技术追赶绩效的相关因素。要使潜在的后发优势成为现实，必须挖掘一系列支撑条件。经验分析表明，技术追赶速度取决于技术差距的大小和企业面临的内外部多种因素。一般来说，企业距离技术前沿的差距越大，则可供企业模仿的先进技术选择也越大，企业可以较低的模仿成本取得较高的模仿回报，即技术外溢效应越明显。此外，有研究指出，影响后发追赶绩效的因素包括外部因素和内部因素两方面，其中外部因素涉及技术体制与制度环境等，而内部因素则涵盖自身能力的构建、追赶模式和追赶策略的选择以及内部组织因素等（Miao et al.，2018）。其他相关研究也发现制度环境、对外开放程度、财税政策、金融结构安排等都可能是影响后发追赶的重要因素（Aghion et al.，2009；杨本建等，2016；Gemmell et al.，2018）。

（二）企业生产率改善过程中的银行业作用：基于技术追赶理论的思考

技术赶超理论为研究微观企业技术进步问题提供了重要支撑。事实上，不仅在宏观层面上发生着落后国家或地区向前沿国家或地区的技术赶超，而且在微观企业层面同样存在有技术落后的企业对技术前沿企业的追赶行为。关于技术赶超的相关研究，纵然始于以国家或产业为对象的宏观层面，但鉴于微观企业层面的技术追赶行为最终以实现宏观层面赶超为目标，其追赶行为为实现国家或地区间的技术赶超奠定了重要基础。因此，本书认为，在进行微观企业技术赶超相关研究时，不仅需要从微观层面分析企业技术进步的自身特点，更需要参考的是宏观技术赶超发生时涉及的要素条件以及重要外部环境特征。

如前文所述，外部环境是使潜在的后发优势成为现实的重要因素。其中，作为像中国这样的发展中国家的重要金融制度安排，银行在配置资本和资源中扮演了极为关键的角色。而且，随着我国企业逐步向更高层面、更高质量发展，一些后发企业向技术前沿追赶的空间越来越小，自主创新的不确定性也相应提高，银行业的发展如何能够更好地支持企业技术升级尚待深入探讨。因此，考察银行业的发展在企业技术追赶过程中作用的有效性，具有重要的理论与现实意义。

　　总而言之，金融发展理论、金融结构理论和技术赶超理论等相关研究为本书考察关于银行业发展如何对企业效率提升起作用这一核心议题，提供了扎实的理论基础。后文将进一步把这些理论基础与相关实证分析等进行有机结合，以期为现实中国银行业服务实体经济机制设计提供有益借鉴。

第二节　银行业发展对制造业企业效率提升的理论传导机制

一、银行信贷对企业生产率提升的传导机制分析

　　综合已有研究，支持银行对企业全要素生产率产生积极作用的学者认为，银行信贷改善企业全要素生产率的主要路径体现在缓解企业融资约束、发挥银行流动性创造功能等方面。

　　第一，影响企业获得外部融资的渠道，缓解外部融资约束，进而促进全要素生产率增长。现实世界中，银企间通常存在信息不对称以及金融契约不完全问题，由此产生的融资约束不仅会制约企业资本劳动比的提高（张杰等，2016），而且会显著阻碍企业全要素生产率的增长（Gatti and Love，2008；Ayyagari et al.，2010；何光辉和杨咸月，2012；任曙明和吕镯，2014）。作为企业外部融资的重要来源，银行信贷对企业融资约束具有直接影响，进而也会影响企业全要素生产率增长。例如，拉詹和津盖尔（Rajan and Zingale，1998）通过构建外部融资依赖程度与金融发展水平的交互项，发现金融发展更显著地促进了外部融资依赖程度较高产业的发展。

　　第二，提供流动性供给服务，满足流动性需求，进而保证更多资金持续用于生产过程以提升全要素生产率。创造流动性是银行服务实体经济、发挥银行功能的重要体现。费希特等（Fecht et al.，2008）通过比较金融中介与金融市场的流动性供给服务，发现金融中介能够以更低的成本满足客户的流动性需求。银行发展对经济增长的积极效应已得到大量研究验证，伯杰和谢杜诺夫（Berger and Sedunov，2017）的进一步研究发现，流动性创造是银行发挥这种积极效应的重要作用机制。具体来说，银行可以通过使用流动性较高的负债（如活期存款）为流动性较低的资产（如企业贷款）提供资金来创造流动性。这在满足了储蓄者流动性需求的同时，也有助于满足企业的融资需求，将更多资金配置到流动性较差但有利于提升全要素生产率的投资项目（Bencivenga and Smith，1991；Gatev and Strahan，2006）。此外，银行还可通过提供贷款承诺和备用信用证等方式来

创造资产负债表外业务的流动性，进而影响企业的生产或投资策略（Holmström and Tirole，1988；Kashyap et al.，2002）。

然而，一些经验研究结果却并未发现银行信贷在改善全要素生产率方面的显著作用，甚至发现其存在抑制作用（Guariglia and Poncet，2008）。换言之，现有的银行信贷作用机制不能有效解释这一现象。对于这一现象的主要解释，除了实证研究选取的变量和研究方法差异外，前述作用机制的提出都是基于银行资金供给者或银行自身功能视角，没有考虑银行自身特性在服务实体经济时所起到的作用，忽略了企业在追求全要素生产率提升过程中存在的一个重要特征：风险特性。如果企业的生产项目过程面临着很高的风险和不确定性，即使通过信贷支持使其融资约束得到缓解，抑或是满足了其流动性需求，但企业项目最终以失败告终，那么银行遭受的损失能否得到有效补偿尚未可知，尤其是在中国债权人保护水平还仍待提高的背景下。在实践中企业经营失败后，作为债权人的银行通常不要求企业破产清算，而主要依靠"忍耐"和"私下解决"等手段帮助企业渡过难关（温军等，2011）。因此，需要对银行信贷如何实现对企业全要素生产率提升的有效支持进行更为深入的分析与探讨。

事实上，企业的风险特性源于其在不同发展阶段所运用的技术特征。一般而言，当企业距离技术前沿较远时，其所使用的技术多为低成本、低风险的成熟技术，通过简单学习模仿和适量资金支持便可投入生产以获得生产能力的提升。而根据风险—收益匹配特性，更高回报的项目通常意味着更高的投资风险。换言之，当企业接近技术前沿时，往往面临着更多的资金需求、更高的投资经营风险和更长的投资期限。而正是由于企业在不同发展阶段所面临的风险特性差异，银行信贷改善企业全要素生产率的效果会受到显著影响。原因在于，银行风险规避和追求稳健经营的特性与企业高/低风险特性的匹配程度不尽相同。也就是说，信贷市场对稳健保守的生产投资（低风险）具有与生俱来的偏好。对此，布特拉等（Buera et al.，2011）的理论研究表明，不发达的金融市场和有限的风险分散功能，更有利于低生产率的非贸易部门生存，而高效率的贸易部门却难以迅速获得资金满足。并且，布朗等（Brown et al.，2012）利用企业层面数据、许等（Hsu et al.，2014）基于各国产业层面数据的实证研究均发现，信贷市场发展会阻碍技术创新活动。综上所述，本书认为银行业信贷规模扩张对制造业企业全要素生产率增长的一个重要影响渠道为：银行信贷规模扩张对企业全要素生产率的提升速度的影响，会由于企业所处的技术前沿距离状态而有所差异。

二、中小商业银行发展对企业生产率提升的传导机制分析

中小商业银行规模扩张带动的是银行业内部大小规模银行的结构性变化以及银行业内部市场竞争的加剧，基于此，在考察中小商业银行规模扩张改善企业全

要素生产率的主要机理时，应着重从银行业内部大小规模银行异质性特征和银行业内部市场竞争两个角度展开。首先，根据已有研究，中小商业银行扩张所推动的银行业竞争的加剧改善企业全要素生产率的主要机制为：通过提高融资可得性，降低企业债务融资成本，缓解企业融资约束，进而提高了企业的全要素生产率（蔡卫星，2019）。其次，聚焦于大小规模银行异质性特征和中小企业融资难题，现有研究提出了"小银行优势假说"。也就是说，相对于大银行，小银行为中小企业提供的贷款数额更多而且贷款意愿也更强。众多文献也表明，大型银行倾向于向大企业贷款，小型银行倾向于向小企业提供贷款（Berger and Udell，1996，1998；张一林等，2019）。对此，大量研究将银行组织结构作为小银行优势理论的主要解释。从银行组织结构层面来看，大银行复杂的组织结构使其在贷款授权中存在着较大的代理问题，并且在进行贷款决策时，更多地依赖企业的资产抵押、财务报表等硬信息。而由于具备相对简单的组织结构，小银行内部的代理问题相对于大银行较少，这使得小银行在识别企业的软信息方面（如企业家才能、企业声誉等）产生了比较优势，继而能够为中小企业提供关系型贷款（Stein，2002；Berger and Udell，2002）。沿袭这一逻辑框架，张一林等（2019）的理论研究则从大小银行各自的融资特性与大小企业不同特性匹配角度入手，进一步深入分析了中小商业银行在服务中小企业时善于甄别软信息的比较优势。然而，基于中国数据的一些实证研究则表明所谓的"小银行优势理论"在中国并不一定能够成立（Shen et al.，2009；张晓玫和钟祯，2013；Zhang et al.，2016）。例如，沈等（Shen et al.，2009）实证研究表明，银行规模对中小企业的贷款影响并不显著，而更多贷款决策权的下放、更好的借贷机制设计以及更严格的法律法规则会使得商业银行更多地向中小商业银行提供贷款。张晓玫和钟祯（2013）和张等（Zhang et al.，2016）研究均表明，小银行仅在服务那些之前与其有贷款关系的中小企业方面具有比较优势，银行的规模与中小企业是否改变其贷款银行或改变其融资来源之间都没有显著的正向关系。

对此，本书认为，对"小银行优势理论"的验证仍需要从小银行经营特性与企业风险特性匹配视角出发，尤其是小企业。原因在于，无论银行规模大小，其本质仍是追求稳健经营的资金供给者，依然偏好的是保守和低风险投资项目，尤其在当前中国中小商业银行普遍风控能力不强、不良贷款率水平依然较高的情境下，小银行优势的发挥更是需要建立在与企业尤其是小企业的风险匹配基础上。而根据前文所述，企业的风险特性与其在不同发展阶段的技术水平密切相关，这意味着在考察中小商业银行发展对企业全要素生产率的影响路径时，应先考虑企业的技术前沿距离是否匹配中小商业银行特性，在此基础上才能有效识别中小商业银行是否在为解决中小企业融资困境方面贡献了积极的力量。综上所述，本书认为，中国情境下中小商业银行规模扩张对制造业企业全要素生产率提升的一个重要影响路径在于：中小商业银行发展对企业全要素生产率的影响效应取决于企业所处的技术水平状态。

第三节　本章小结

本章旨在从理论层面分析与探究银行业发展作用于制造业企业生产率提升的理论基础以及可能的影响路径。围绕此核心目标，本章首先挖掘了金融发展理论、金融结构理论以及技术追赶理论等作为本书研究的理论基础，并尝试从各个理论视角对银行业发展在改善企业全要素生产率中的作用进行思考。最后通过对可能的影响路径进行分析。本书认为，无论从银行业整体信贷扩张还是从银行业内部结构中小商业银行规模扩张角度，银行业发展促进制造业企业生产率增长的一个重要机制都体现为匹配企业技术水平特性（抑或风险特性）。

第三章

中国银行业发展历史沿革与制造业企业生产率分析

第二章探讨了银行业发展影响企业生产效率提升的理论基础，并从理论层面深入分析了银行业发展影响制造业企业效率提升的主要作用机制。然而，对本书核心问题的深入研究，不仅需要寻求理论层面的研究支撑，更需要准确把握我国银行业发展变革以及制造业企业技术进步的历程及其典型特征。基于此，本章首先从我国银行业整体层面和银行业内部中小商业银行发展两个层面，分别介绍了其发展演进历程，并对其发展现状进行深入分析，其次进一步介绍了我国制造业企业技术追赶演进轨迹和典型特性，以把握相关典型事实、发现典型问题，进而为后续章节分析做准备。

第一节　银行业发展整体变革与典型特征

一、银行业体制机制演化变迁

（一）"大一统"单一银行体系阶段

改革开放之前，我国的银行业体系呈现出高度集中且单一的"大一统"特征。中国人民银行作为唯一的一家银行业金融机构，兼具中央银行监管与商业银行所有职能。在统存统贷的信贷管理体制下，货币和信贷事实上只是充当会计核算和出纳的角色。

（二）多元化银行体制的初步形成阶段

党的十一届三中全会之后，银行业市场改革逐渐展开，逐步形成了以中央银行为领导、四大国有专业银行为主体、股份制银行为辅助的多元化银行业格局。这一阶段我国银行业改革进展飞速。在这个阶段中，通过分离中国人民银行部分业务，人民银行统管金融全局的地位得到强化，同时建立了四大国家专业银行以开展商业银行业务。具体来看，1979 年 2 月，国务院发布《关于恢复中国农业银行的通知》，将农村金融业务从中国人民银行分离出来，成立中国农业银行。

同年 3 月，国务院对中国人民银行《关于改革中国银行体制的请示报告》进行批复，中国银行从专司外汇业务中独立出来。同年 8 月，中国人民建设银行（1996年更名为中国建设银行）也获得独立。1984 年，中国工商银行也正式成立。然而，从中国人民银行相关业务分离出来的四大专业银行的信贷经营体制仍属于行政分权管理体制，仍然主要依靠贷款指令性计划实施资金配置。随着大量私营企业和中外合资企业成立，这已不能满足经济社会的发展需求，股份制商业银行应时而生。1986 年，交通银行重新组建成为我国第一家股份制商业银行，随后招商银行（1987 年）、中信银行（1987 年）、恒丰银行（1987 年）、深圳发展银行（1987 年）、广发银行（1988 年）等十几家股份制商业银行相继成立，意味着我国多元化的银行市场体系逐步形成。

（三）银行商业化改革转型阶段

这一阶段我国的国家专业银行实现了向商业银行的转型。1993 年，党的十四届三中全会发布了《关于建立社会主义市场经济体制改革若干问题的决定》，拉开了国家专业银行商业化转型的序幕，其明确要求加强金融法制建设，实现银行的商业化运营。1994 年，国家开发银行、中国农业发展银行和中国进出口银行三家政策性银行相继获得成立，由其专门负责国家专业银行原有的政策性业务，从而实现政策性和商业性金融业务的分离，为我国银行向商业化转型奠定了有力基础。同年，中国人民银行颁发了《中华人民共和国外资金融机构管理条例》，对外资金融机构的市场准入标准作出了明确规定，由此形成的相对激烈的金融市场竞争环境加速了专业银行向商业银行转型的步伐。

（四）商业银行市场化改革与发展阶段

这一阶段主要围绕国有商业银行所有权结构进行市场化改革，以改进内外部治理机制，实现银行业稳健经营和可持续发展。自 2001 年中国加入 WTO 并逐步履行银行业对外开放承诺后，国内银行在经营管理、核心业务、产品、客户服务以及人才等方面的低效率迅速暴露出来，对银行业，特别是国有商业银行深化改革提出了迫切的要求。此前，我国国有商业银行政企不分，难以真正实现自主经营、自负盈亏、自我发展、自我约束，继而导致了治理结构不健全，经营决策一体化，经营行为"财政化""政府化"倾向严重。前一阶段的国有银行商业化改革无法解决政策性负担及由此产生的软预算约束问题。由此，我国自 2003 年开启了以国有商业银行股份制改革为标志的银行业全面市场化改革。股份制改革的重点任务是要解决束缚国有银行发展的产权制度单一和治理结构落后问题。而股份制改革的主要手段包括：（1）通过补充资本金、划转、转让等多种方式进行财务重组以处置不良资产，降低不良贷款率，提高银行资本充足率；（2）建立了规范的股份制商业银行组织机构和公司治理机制，完善了治理结构；（3）在国家对国有商业银行控股前提下，积极引入战略投资者，实现股权多元化；（4）借助公开发行上市提高财务透明度和公司治理透明度，引入公众股东以实现对国有商业银行经营的外部监督。2005～2010年，交通银行（2005年）①、中国建设银行（2005年）、中国工商银行（2006年）、中国银行（2006年）和中国农业银行（2010年）先后成功上市。

二、银行业监管格局变迁

银行业体制的转型变革往往也伴随着银行监管制度的渐进变迁。系统化、动态化的银行监管机制是银行业改革顺利推进的重要保障。从改革开放初期直至目前，与银行业的巨变相适应，我国银行业监管格局在不同阶段也呈现出不同的特征，大致可分为以下几个阶段。

（一）中国人民银行综合监管时期

截至20世纪90年代初，中国人民银行主要负责我国金融业的监管工作。这个阶段中国人民银行的监管方式逐渐由纯粹的计划性行政管理向市场化监管的方式转变。1983年9月，国务院发布《关于中国人民银行专门行使中央银行职能的决定》，自此中国人民银行开始专门履行我国中央银行的职能。1986年1月，国务院颁布了《中华人民共和国银行管理暂行条例》，其中明确表示中国人民银行应行使金融管理的职责。1994年，全国金融机构召开监管工作会议并重点强调了金融监管的重要性，由此由人民银行负责的金融监管职能开始得到重视。随后，人民银行全面展开了市场化金融监管工作，例如，开始对金融市场准入加强管理、开始强调非现场监管方式等，逐步向市场化监管转变。1995年，《中国人民银行法》颁布，从法律层面确定了中国人民银行作为中央银行的地位，保证了其行使主要职能的法律地位，银行监管开始转向法制化、规范化。

（二）综合监管到分业监管的过渡时期

随着我国经济体制改革的步伐不断加快，人民银行的综合监管能力不足，银行业监管体系开始向分业监管过渡。1990年和1991年，上海、深圳两个证券交易所先后成立。股票市场的纵深发展挑战传统商业银行主导地位的同时，也加大了中国人民银行的监管难度。在此基础上国务院证券委员会和中国证券监督管理委员会于1992年相继成立。证监会于1995年和1998年分别取代了人民银行和国务院证券委员会的相关职责，形成了以中国证监会为主的统一证券监管体系。1997年亚洲金融危机对中国金融市场敲响了警钟，防范和化解金融风险的重要

---

① 2006年，银监会发布《国有商业银行公司治理及相关监管指引》（银监发〔2006〕22号），下发对象包括了交通银行，标志着其由股份制银行变更为第五个大型国有商业银行。

性日益凸显，必须依靠一个强有力的专门机构进行各项金融监管。同年，中央召开首次全国金融工作会议，决定对金融业实行分业监管。在此背景下，中国保险监督管理委员会于1998年成立，人民银行不再肩负保险业的监管职责，只保留对银行业和信托业的监管职能，分业监管开始推进。

（三）设立专门的银行业监管机构，实现分业监管

2003年3月，第十届全国人民代表大会第一次会议通过《关于国务院机构改革方案的决定》，批准国务院成立中国银行业监督管理委员会（以下简称银监会）。同年4月28日，中国银监会正式对外挂牌，开始履行审批、监督管理银行、金融资产管理公司、信托投资公司及其他存款类金融机构等职责，而这些职能的履行原本均由中国人民银行负责。与此同时，银监会在全国22个省、4个直辖市、5个自治区以及大连、宁波、厦门、青岛、深圳5个计划单列市设立了36个分局，以通过统一有效的监督来维持银行业的合法稳定运行。2003年12月27日，第十届全国人民代表大会常务委员会第六次会议通过了《中华人民共和国银行业监督管理法》，从法律层面确定了中国银监会的法律地位和职能。至此，也形成了我国中央银行、银监会、证监会和保监会"一行三会"分工明确、互相协调的金融分业监管格局。

自此之后，我国银行业的监管框架在银监会的主导下逐渐得到健全完善。例如，2008年金融危机爆发后，银监会借鉴国际金融监管改革经验，结合我国国情进一步完善对银行业的相关监管。2010年之后，又构建了与国际标准接轨的银行业监管指标，包括资本要求、杠杆率、拨备率和流动性等。例如，2012年银监会发布的《商业银行资本管理办法（实行）》，就是借鉴以第三版巴塞尔资本协议为代表的审慎银行监管国际标准，构建中国银行业审慎监管新框架的体现。

（四）由分业监管走向银保混业监管

2018年3月，第十三届全国人民代表大会第一次会议表决通过了关于国务院机构改革方案的决定，将中国银行业监督管理委员会和中国保险监督管理委员会合并，设立中国银行保险监督管理委员会。同年4月8日，中国银行保险监督管理委员会正式挂牌，意味着中国银行业由分业监管迈向银保混业监管。一方面，随着我国金融业的不断发展，"一行三会"的分业监管模式暴露出不少缺陷和不足，包括商业银行在内的金融机构多元化发展，混业经营、金融创新、互联网新技术等新趋势的冲击。这使得分业监管的机制越来越不适应市场混业经营发展趋势，部分领域监管不到位、监管空白、监管套利层出不穷，相互叠加，对原来的监管体系提出了巨大挑战。金融风险逐步呈现出跨部门、跨领域、跨行业传染的特征，仅仅依靠单一监管部门已无法做到对这种系统性金融风险的防范。另一方面，原有"一行三会"的监管体系中，各负责部门之间的沟通效率低下，并未形成有效及时的监管信息分享机制。这种问题随着近年来新兴金融业态的快速发展越发凸显，监管制度短板亟待补齐。在此背景下，由于银行业和保险业监管理念较为一致，在资本充足率、偿付能力以及自身风险匹配能力等方面均具备相似之处。因此，推进两个部门的整合有助于补充原有监管体系的诸多短板，提高监管的广度和深度，有针对性地制定防控金融风险的措施，实现监管的全覆盖。

三、银行业发展典型特征

本部分主要从信贷规模变化情况、行业规模变化情况以及行业市场集中度变化情况三个方面对我国银行业发展现状及典型特征事实进行分析。

（一）信贷规模变化情况

当前，我国整体银行业信贷规模持续扩大，但信贷增速稳中略缓。截至2018年末，我国金融机构人民币各项贷款余额达136.3万亿元，较2017年增加16.17万亿元。根据图3-1展示的中国金融机构人民币各项贷款余额逐年变化情况，1999～2018年我国金融机构人民币各项贷款余额呈现逐年持续稳定增长的态势，但贷款余额增速自2009年高达31.74%顶峰后整体却呈现平稳回落态势①。同时采用金融机构人民币各项贷款余额占GDP比例衡量我国银行业信贷规模，发现1999～2018年期间以该指标衡量的我国银行业信贷规模以及信贷增速变化趋势具有同样的特征（如图3-2所示）。

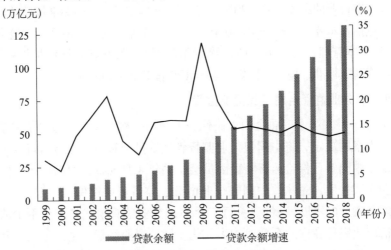

图3-1　银行业金融机构贷款余额逐年变化趋势

资料来源：国家统计局。

①　2009年出现异常高速增长的原因可能在于我国当年为应对国际金融危机，坚持实施适度宽松的货币政策的效果体现。

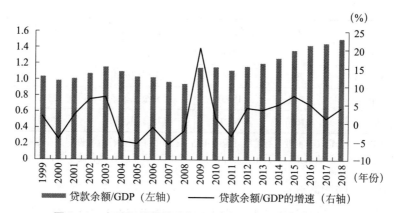

图3-2　金融机构贷款余额占GDP比重的逐年变化趋势

资料来源：国家统计局。

（二）行业规模变化情况

改革开放40余年，中国银行业已经形成了以国有商业银行为主体、中外资银行并存、多种类型银行竞争的新格局。从银行业金融机构数量来看，近些年全国银行业规模持续扩大。截至2018年末，中国银行业金融机构法人机构共有4588家。其中，包括政策性银行2家、国家开发性金融机构1家、国有大型商业银行6家、股份制商业银行12家、金融资产管理公司4家、城市商业银行134家、民营银行17家、农村商业银行1427家、农村合作银行30家、农村信用社812家、村镇银行1616家、贷款公司13家、农村资金互助社45家、外资法人银行41家、信托公司68家、金融租赁公司69家、企业集团财务公司253家、汽车金融公司25家、消费金融公司23家、货币经纪公司5家、其他金融机构14家。除了法人机构之外，不同类型银行业金融机构的网点数量（包含总部）也在不断增加，具体组成结构见表3-1。

表3-1　　　　　　　　　　　各类银行业金融机构数量分布　　　　　　　　　单位：个

机构类型	法人机构数	网点数量	机构类型	法人机构数	网点数量
政策性银行	2	2234	民营银行	17	17
开发性金融机构	1	42	金融资产管理公司	4	124
商业银行	1620	198136	贷款公司	13	13
国有商业银行	6	107819	农村资金互助社	45	45
股份制商业银行	12	14927	信托公司	68	68
城市商业银行	134	17499	企业集团财务公司	253	289
农村商业银行	1427	57064	金融租赁公司	69	71

续表

机构类型	法人机构数	网点数量	机构类型	法人机构数	网点数量
外资法人银行	41	827	汽车金融公司	25	25
农村合作银行	30	898	货币经纪公司	5	5
农村信用社	812	18501	消费金融公司	23	23
村镇银行	1616	5727	其他金融机构	14	14

注：根据银保监会定义，商业银行的统计范畴包括国有大型商业银行、股份制商业银行、城市商业银行、农村商业银行和外资法人银行。其中，邮政储蓄银行于2018年纳入国有商业银行分类，作为六大国有大型商业银行之一。

资料来源：中国银保监会网站。

由于商业银行与其他银行业金融机构的运营目标和运营模式差异较大，且与实体经济关联最为密切，因此本书重点聚焦我国商业银行发展的相关特征。就商业银行法人机构数量而言，截至2018年末，我国农村商业银行法人机构数量占全部商业银行法人机构数量最多，高达88.09%，城市商业银行、外资银行和股份制银行占比依次减少，国有大型商业银行法人机构数量最小（如图3－3所示）。然而就商业银行网点数量而言，截至2018年末，我国国有大型商业银行网点数量占全部商业银行网点数量最多，高达54.42%，农村商业银行、城市商业银行、股份制银行的占比依次减少，而外资法人银行的网点数量占比则最低至0.42%（如图3－4所示）。

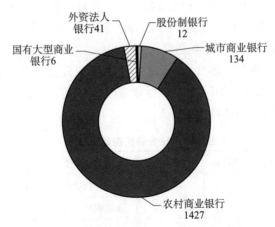

图3－3　2018年商业银行法人机构数量分布

资料来源：中国银保监会网站。

（三）行业市场集中度变化情况

沿用已有文献中度量企业竞争程度的指标（方芳和蔡卫星，2016；蔡竞和董艳，2016；张杰，2017），本章主要使用CR5指数和赫芬达尔指数（HHI指数）

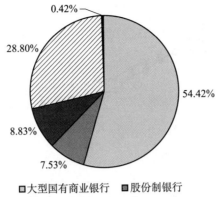

图 3 - 4 2018 年各类型商业银行网点数量分布

资料来源：中国银保监会网站。

衡量银行业市场集中度①。具体计算公式如下：

$$CR5 = \sum_{n=1}^{5} branch_n \Big/ \sum_{n=1}^{N} branch_n \qquad (3-1)$$

$$HHI = \sum_{n=1}^{N} \Big(branch_n \Big/ \sum_{n=1}^{N} branch_n \Big)^2 \qquad (3-2)$$

其中，$branch_n$ 代表第 n 家银行在全国的网点数量，N 表示全国所有类型银行网点的数量，$n = 1, 2, \cdots, 5$ 代表国有五大行②。

根据计算结果，本书绘制了 1998～2018 年我国商业银行行业集中度的变化趋势，如图 3 - 5 所示。根据图 3 - 5 可以发现，自 1998 年以来，随着银行业改革和非国有商业银行金融机构的发展，我国银行业集中度在不同发展阶段呈现出有阶段特征的变化趋势。具体而言，1998～2003 年，银行业市场集中度一直维持在较高水平，CR5 指数（国有五大行网点数量占全部银行业网点数量的比重）由 1998 年的 59.90% 下降至 2003 年的 58.58%，年均下降 0.26 个百分点；2003～2008 年，银行业市场集中度下降幅度较大，CR5 指数由 2003 年的 58.58% 下降至 2008 年的 42.76%，年均下降 3.16 个百分点。2008～2018 年期间，银行业竞争程度平稳上升，CR5 指数由 2008 年的 42.76% 下降至 2018 年的 34.62%，年均下降 0.81 个百分点。与此同时，HHI 指数表征下的银行业市场集中度动态变化趋势也具有类似的特征。

---

① HHI 和 CR5 值在 0 到 1 之间，越接近 0 表示银行业市场结构越分散，行业竞争越激烈。

② 由于邮政储蓄银行在 2018 年才变更为国有大型商业银行类型，在此之前国有大型商业银行仅包含中国银行、中国工商银行、中国农业银行、中国建设银行、交通银行。因此这里计算两个指数时国有大型商业银行仍以传统五大行为基准。

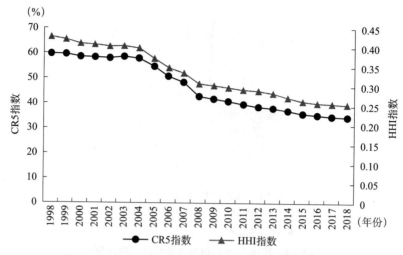

图 3 - 5　1998 ~ 2018 年商业银行市场集中度变化趋势
资料来源：作者自行计算。

以上分析表明，尽管中国银行业市场集中度在整体上呈现下降趋势，但国有大型商业银行仍然保持着较强的市场影响力，股份制商业银行、城市商业银行、外资法人银行和农村中小金融机构等非国有商业银行在未来相当一段时间内对其难以形成强有力的冲击，但在中国培育竞争性银行业体系的改革方向指引下，这种冲击将会呈现增强趋势。

第二节　中小商业银行发展历程与典型特征

一、中小商业银行发展历程

商业银行是依照《中华人民共和国商业银行法》和《中华人民共和国公司法》设立的吸收公众存款、发放贷款、办理结算等业务的企业法人。其中，中小商业银行通常包括股份制商业银行、城市商业银行和农村商业银行等。限于主要研究目的，本书将股份制商业银行和城市商业银行作为主要分析对象以界定中小商业银行[①]。

---

① 从治理结构来看，目前我国国有大型商业银行、多数城市商业银行、部分农村商业银行和外资银行都已建立了比较规范的股份制商业银行组织机构和公司治理机制，本书讨论的股份制商业银行特指现有的 12 家全国性中资股份制商业银行。

（一）股份制商业银行

自 1986 年交通银行重新组建开始，中国股份制商业银行经历了从无到有到改制、上市的发展过程。

股份制商业银行的诞生始于 20 世纪 80 年代中国金融体制改革大背景。改革开放后，为顺应我国经济体制改革的需求，在中央各部委和地方政府博弈权衡之下，招商银行、中信银行等各家极具个性化的股份制商业银行于 1987 年开始相继成立，以更好服务当地经济，尤其是各地区改革开放或区域性开发的需要，大多承担着当时金融体制改革的任务。例如，广发银行和浦发银行都是为了服务当时深圳和上海浦东的改革开放需要而设立的。

自中国加入 WTO 后，股份制商业银行通过引入外部战略投资者和境内外上市等方式逐步发展壮大。我国股份制商业银行建立之初，就构建了较为规范的现代公司治理框架，并一直为中国银行业的改革发展进行着有益的探索和铺垫。作为国内第一家上市银行，平安银行于 1991 年 4 月挂牌上市，开启了股份制商业银行上市融资的步伐。随后浦发银行、民生银行等相继也公开上市，尤其是 2005 年 12 月上市的渤海银行，在发起设立阶段就引入了境外战略投资者。各股份制商业银行上市后资产规模迅速扩张，市场竞争实力大增，在全国范围快速实现了业务拓展，发展成为极具特色的全国性股份制商业银行。

（二）城市商业银行

城市商业银行的起源可追溯至 20 世纪 80 年代各地成立的城市信用合作社。伴随着 20 世纪 80 年代经济体制全面改革，各经济主体，尤其是集体经济和个体私营经济主体的金融服务需求急剧增加，在此背景下，各地城市信用社陆续成立。各城市信用社是自主经营、独立核算、自负盈亏、民主管理的经济实体，其成立初衷是为满足各城市集体企业、个体工商户等的金融服务需求。1986 年，国务院发布的《中华人民共和国银行管理暂行条例》将城市信用社定性为"群众性合作金融组织"。此后一段时期，各地更是加快了城市信用社的设立速度。

然而由于体制僵化诸多问题，城市信用社陆续改制，实现向城市商业银行的转变。由于早期城市信用社普遍存在规模小、风险管理和内部控制不健全等问题，20 世纪 90 年代后期经营风险凸显，发展陷入僵局。1994 年开始，在国务院等中央政府的部署下，城市信用社开始向城市商业银行改制工作推进。根据国务院于 1995 年颁布的《国务院关于组建城市合作银行的通知》（国发〔1995〕25号），城市信用社改制并重新组建设立城市合作银行。由于城市合作银行本质上是股份制银行，和其他商业银行同样具有股东大会、董事会和监事会相互制衡的治理结构。1998 年 3 月，经国务院批准，中国人民银行与国家工商行政管理局颁布《关于城市合作银行变更名称有关问题的通知》，将城市合作银行名称统一变更为城市商业银行。总而言之，绝大多数城市商业银行都是在信用社基础上吸收、合并、重组或改制而来。

自银监会成立后，城市商业银行进入新的发展时期，陆续加快引进境外战略投资者、公开上市以及跨区域经营步伐。在城市信用社基础上改制而来的城市商业银行，成立之初就背负着沉重的历史包袱，缺乏规范的业务行为加之政府干预，导致整体不良贷款率居高不下，个别城市商业银行甚至爆发了挤兑风波。在监管部门的推进下，城市商业银行逐步通过增资扩股、债务重组、引进外部战略投资者等方式建立现代公司治理框架，优化股本结构和相关业务流程，逐步摆脱了原有体制束缚，建立了市场化运营管理机制，综合经营实力大幅提升。自 2007年开始，城市商业银行相继公开上市，其治理结构不断得到优化，管理水平逐步提升，产品创新能力也日益增强。例如，2007 年，北京银行、南京银行与宁波银行在 A 股成功挂牌上市。与此同时，在监管政策放松的背景下，城市商业银行开始了跨省或跨城市的跨区域发展，这成为其壮大实力、扩大经营范围和加快发展步伐的重要路径。例如，2006 年，银监会发布《城市商业银行异地分支机构管理办法》，按照"扶优限劣"的原则允许城商行设立异地分支机构。2009 年 4月，银监会进一步调整城商行分支机构市场准入政策，放宽和简化机构设立，使得城商行规模扩张一再提速。

二、中小商业银行发展特征事实

（一）中小商业银行法人机构发展特征

从中小商业银行法人机构数量变化来看，2006 ~ 2019 年，股份制商业银行数量始终维持 12 家不变，而城市商业银行法人机构数量则呈现显著起伏波动特征，其中 2006 ~ 2013 年城市商业银行数量总体呈现上升趋势，但自 2014 年起数量大幅下降，至 2019 年维持在 134 家数量不变。2014 年城市商业银行法人机构数量波动较大，源于当时城市商业银行合并重组改革的作用效果体现。具体如图 3 - 6 所示。

（二）中小商业银行分支机构发展典型特征

分支机构数量及规模扩张是各商业银行尤其是中小商业银行进入市场参与竞争、扩大市场份额的重要手段①。在我国，通过向各银行分支机构颁发金融许可

---

① 在我国，商业银行分支机构主要是指除了该银行总行以外的所有分行、支行、分理处、储蓄所等分支机构。近年来，部分银行在自助银行的基础上，增设 2 ~ 3 名员工，用于客户咨询和非现金业务办理，并在此基础上创新出社区支行、小微支行等新型分支机构形式。

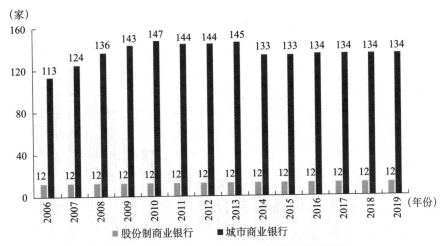

图 3 – 6　中小商业银行法人机构数逐年变化情况

资料来源：中国金融年鉴。

证，银行业保险监督管理委员会严格实施针对银行业市场准入的管制政策。对应前文，本部分仍以股份制商业银行和城市商业银行作为主要研究对象，分析中国中小商业银行分支机构的发展特征。

1. 中小商业银行分支机构总体特征

从中小商业银行分支机构累计数情况来看，1998～2008年，我国中小商业银行分支机构数量大幅增长，呈现逐年增加趋势。图 3 – 7 为中小商业银行分支机构数量逐年变化情况。由图 3 – 7 所示，1998 年中小商业银行分支机构数量总量为 3506 家，截至 2018 年分支机构数量增长至 32282 家，增长了约 8.21 倍，其中股份制商业银行分支机构数量由 1998 年 1072 家增长至 2018 年 14916 家，增长了约 12.91 倍。城市商业银行分支机构数量由 1998 年 2434 家增长至 2018 年 17366 家，增长了约 6.13 倍。

2. 中小商业银行分支机构新增特征

从中小商业银行分支机构新增累计数情况来看，1999～2018 年，中小商业银行新增分支机构数量呈现出显著的阶段性变化特征。图 3 – 8 为 1999～2018 年新设中小商业银行分支机构数逐年变化情况。由图中可以看到，2009 年开始中小商业银行新设分支机构数量相比之前明显增加，至 2014 年开始数量急剧增加，这与前述中小商业银行分支机构市场准入政策背景相一致，表明 2009 年政策与 2013 年政策均得到显著落实，政策确实导致了中小商业银行数量的增加。

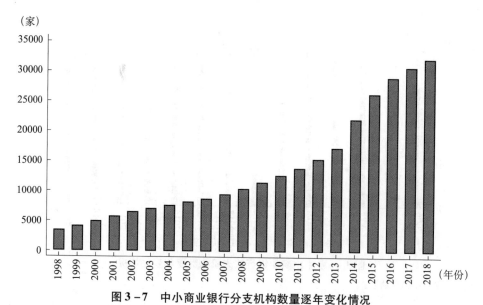

图3-7　中小商业银行分支机构数量逐年变化情况

资料来源：中国银保监会网站。

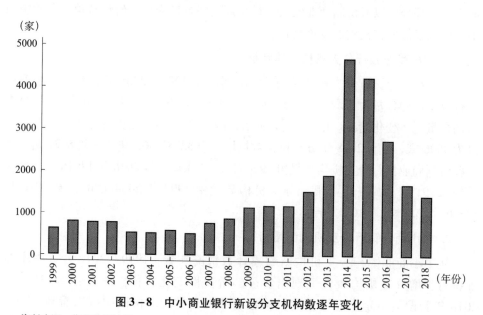

图3-8　中小商业银行新设分支机构数逐年变化

资料来源：作者自行计算。

　　图3-9为区分城市商业银行和股份制商业银行两种不同类型中小商业银行后各自的新设分支机构变化情况。图3-9（a）为1999～2018年新设城市商业银行分支机构数逐年变化情况。图3-9（b）为1999～2018年新设股份制商业银行分支机构数逐年变化情况。区分中小商业银行类型后可以发现，相比股份制

商业银行，城市商业银行的新设分支机构增加趋势在 2009 年之后的表现相比 2009 年之前更为明显。这为 2009 年中小商业银行分支机构市场准入政策的实施效果进一步提供了有力证据。

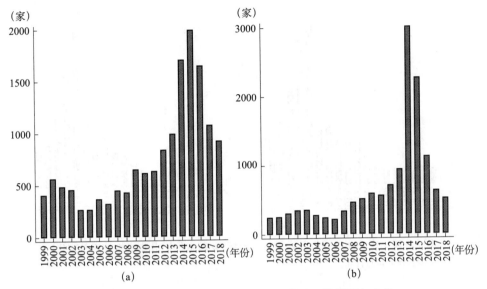

图 3 - 9　不同类型中小商业银行新设分支机构数逐年变化

资料来源：作者自行计算。

3. 中小商业银行跨区域特征

从我国中小商业银行新设分支机构区域扩张情况来看，新设分支机构多数为跨城市设立，其次为跨省份设立，同城新设分支机构数量相对占比较低。具体而言，1998～2018 年全国 339 个城市数据表明，共有 29655 家新设的中小商业银行分支机构，其中有 8235 家与其总行在同一城市经营，而有 21420 家是外地银行跨城市设立的分支机构，占比高达 72.23%，有 14152 家是外地银行跨省份设立的分支机构，占比达 47.72%[①]。

从中小商业银行分支机构跨区域发展情况来看，1998～2018 年，中小商业银行跨区域新设分支机构数量同样呈现出显著的阶段性变化特征。图 3 - 10 为中小商业银行新设异地分支机构数量变化图。图 3 - 10（a）为 1998～2018 年中小商业银行跨城市（平均）新设分支机构数逐年变化情况。图 3 - 10（b）为 1998～2018 年中小商业银行跨省份（平均）新设分支机构数逐年变化情况。区分跨区域发展类型后可以发现，中小商业银行跨城市和跨省份新设分支机构变化趋势较为一致。同样地，无论是跨城市或是跨省份，新设分支机构增加趋势在

---

① 资料来源：中国银保监会网站。

2009 年之后的表现相比 2009 年之前更为明显，且 2014 年开始急剧增加。进一步反映了银监会监管政策的落实效果。

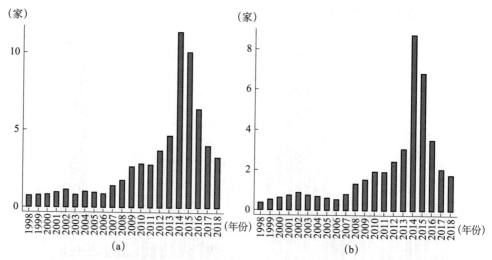

图 3-10 中小商业银行新设异地（跨城市/跨省份）分支机构数逐年变化
资料来源：作者自行计算。

第三节 中国制造业企业生产率异质性特征与技术追赶轨迹

一、中国制造业企业生产率异质性特征

本部分主要从我国国内层面和世界层面两个不同维度，采用相关数据定量分析我国各制造业行业内部与世界技术前沿的生产率差距特征以及动态变化情况。

（一）基于国内视角的制造业行业内部生产率差异特征

首先以沪深 A 股上市公司样本为例，通过加总每一个行业内上市公司与该行业内技术前沿的差距，来得到每一个两位数制造业行业的生产率差距。表 3-2 中 Panel A 和 Panel B 分别展示了 2003 年和 2016 年沪深 A 股上市公司前后各 10 位制造业行业平均生产率差距。根据表格所示，不同年份不同行业内企业之间的生产率均存在着很大的差异。

从静态角度来看，表 3-2 中 Panel A 显示，2003 年平均生产率差异最小（技术前沿距离最小）的两位数行业是仪器仪表制造业，仅有 0.022，而平均生产率差异最大（技术前沿距离最大）的两位数行业为通用设备制造业，技术前沿差距为 0.769，约是前者的 35 倍。表 3-2 中 Panel B 显示，2016 年平均生产率差异最小（技术前沿距离最小）的两位数行业是印刷和记录媒介复制业，仅有 0.194，而平均生产率差异最大（技术前沿距离最大）的两位数行业为电气机械和器材制造业，技术前沿差距为 1.124，约是前者的 6 倍。这些生产率差异一方面可能与行业自身的特性有关，另一方面也可能与各行业面临的不同外部环境，如金融支持程度差异有关。

表 3 - 2 　　　　　　　　不同制造业行业内部生产率差异比较：国内视角

Panel A：2003 年不同制造业行业内部生产率差异比较

技术前沿距离最小的前 10 个行业			技术前沿距离最大的前 10 个行业		
行业	均值	所属行业类型	行业	均值	所属行业类型
C40 仪器仪表制造业	0.022	技术密集型	C34 通用设备制造业	0.769	技术密集型
C23 印刷和记录媒介复制业	0.023	资本密集型	C38 电气机械和器材制造业	0.743	技术密集型
C41 其他制造业	0.104	技术密集型	C37 铁路、船舶、航空航天和其他运输设备制造业	0.735	技术密集型
C20 木材加工和木、竹、藤、棕、草制品业	0.125	劳动密集型	C35 专用设备制造业	0.719	技术密集型
C17 纺织业	0.220	劳动密集型	C27 医药制造业	0.676	技术密集型
C14 食品制造业	0.336	劳动密集型	C25 石油加工、炼焦和核燃料加工业	0.668	资本密集型
C33 金属制品业	0.359	资本密集型	C39 计算机、通信和其他电子设备制造业	0.648	技术密集型
C13 农副食品加工业	0.371	劳动密集型	C30 非金属矿物制品业	0.646	资本密集型
C28 化学纤维制造业	0.407	资本密集型	C36 汽车制造业	0.644	技术密集型
C29 橡胶和塑料制品业	0.455	资本密集型	C32 有色金属冶炼和压延加工业	0.638	资本密集型

Panel B：2016 年不同制造业行业内部生产率差异比较

技术前沿距离最小的前 10 个行业			技术前沿距离最大前 10 个行业		
行业	均值	所属行业类型	行业	均值	所属行业类型
C23 印刷和记录媒介复制业	0.194	资本密集型	C38 电气机械和器材制造业	1.124	技术密集型
C20 木材加工和木、竹、藤、棕、草制品业	0.198	劳动密集型	C39 计算机、通信和其他电子设备制造业	1.099	技术密集型
C24 文教、工美、体育和娱乐用品制造业	0.234	资本密集型	C27 医药制造业	1.097	技术密集型
C21 家具制造业	0.251	劳动密集型	C30 非金属矿物制品业	1.083	资本密集型
C42 废弃资源综合利用业	0.284	劳动密集型	C26 化学原料和化学制品制造业	1.042	资本密集型

续表

Panel B：2016 年不同制造业行业内部生产率差异比较					
技术前沿距离最小的前 10 个行业			技术前沿距离最大前 10 个行业		
行业	均值	所属行业类型	行业	均值	所属行业类型
C13 农副食品加工业	0.372	劳动密集型	C41 其他制造业	1.041	技术密集型
C19 皮革、毛皮、羽毛及其制品和制鞋业	0.375	劳动密集型	C36 汽车制造业	1.005	技术密集型
C40 仪器仪表制造业	0.419	技术密集型	C32 有色金属冶炼和压延加工业	0.982	资本密集型
C17 纺织业	0.534	劳动密集型	C35 专用设备制造业	0.977	技术密集型
C29 橡胶和塑料制品业	0.548	资本密集型	C28 化学纤维制造业	0.952	资本密集型

注：行业分类参照 2012 版证监会行业分类标准。

资料来源：作者自行计算得到。

从动态变化视角来看，不同行业生产率差异存在显著的动态变化，无论是早期 2003 年还是 13 年后的 2016 年，技术前沿距离最小的前 10 个行业均偏向于轻工业，如食品行业、印刷行业等，而技术前沿距离最大的前 10 个行业则多偏向于重工业，如机械设备制造业等。

为进一步区分不同要素密集度行业，我们将不同行业分为劳动密集型、资本密集型和技术密集型三类[①]。可以发现，2003 年技术前沿距离最大的前 10 个行业中技术密集型行业占比 70%，技术前沿距离最小的前 10 个行业中劳动密集型和资本密集型行业各占比 40%，技术密集型仅占比 20%。2016 年技术前沿距离最大的前 10 个行业中技术密集型行业占比同样高达 60%，而剩余 40% 均为资本密集型行业，技术前沿距离最小的前 10 个行业中劳动密集型行业占比达 60%，资本密集型行业占比 30%，技术密集型占比仅 10%。总而言之，区分不同的行业要素密集度后发现，无论是从静态视角还是动态变化视角，我国上市公司制造业中，技术密集型行业内的企业技术前沿差距（生产率差异）最大，资本密集型和劳动密集型行业内的企业技术前沿差距（生产率差异）依次减少。

（二）基于世界视角的制造业行业生产率差异特征

前一部分主要基于国内层面角度分析我国各制造业行业企业生产率差异特征。随着我国研发创新投入归入世界第一梯队，总体科技水平向世界前沿水平（前沿差距缩小）靠拢，我们有必要进一步厘清与世界前沿国家主要行业的生产率差距状况，尤其是制造业行业，以助力我国产业结构的转型升级，更快迈向高

---

① 具体参见鲁桐和党印（2014）对不同要素密集度行业的划分标准。

质量发展阶段。美国作为世界上发达国家的主要代表，目前其行业技术水平大多仍处于世界前沿，可以作为我国制造业行业效率比较的一个重要参照。基于此，本书以中美两国相关制造业行业数据为基础，对两国的四位数制造业行业劳动生产率（总产出与员工人数的比值）情况进行对比。其中，中国制造业行业数据使用《中国工业企业数据库》的微观企业层面相关指标计算得到，美国制造业行业数据则来自美国国家经济研究局—美国人口普查局经济研究中心（NBER-CES）的制造业数据库。为使中美数据直接可比，本书使用来自世界银行的购买力平价指数对相关数据进行了调整。表 3-3 中 Panel A 和 Panel B 分别展示了1998 年和 2011 年我国工业企业前后各 10 位制造业行业与世界技术前沿的生产率差距。

表 3-3　　　　中国工业企业四位数行业技术前沿距离：世界视角

Panel A：1998 年制造业行业技术前沿距离			
技术前沿距离最小的前 10 个行业		技术前沿距离最大的前 10 个行业	
行业	均值	行业	均值
3431 集装箱制造	1.040	1493 盐加工	43.236
3460 金属表面处理及热处理加工	1.142	4151 电影机械制造	39.762
4042 计算机网络设备制造	1.152	2622 磷肥制造	27.548
4051 电子真空器件制造	1.227	2621 氮肥制造	26.335
3952 家用空气调节器制造	1.278	3615 冶金专用设备制造	23.904
4071 家用影视设备制造	1.423	3722 改装汽车制造	23.711
3951 家用制冷电器具制造	1.437	3514 水轮机及辅机制造	19.414
3731 摩托车整车制造	1.449	1391 淀粉及淀粉制品的制造	18.567
4155 计算器及货币专用设备制造	1.521	1422 蜜饯制作	18.475
1830 制帽	1.554	2750 兽用药品制造	17.612
Panel B：2011 年制造业行业技术前沿距离			
技术前沿距离最小的前 10 个行业		技术前沿距离最大的前 10 个行业	
行业	均值	行业	均值
3050 塑料人造革、合成革制造	1.001	4052 半导体分立器件制造	25.016
1491 营养、保健食品制造	1.005	2512 人造原油生产	22.055
2012 木片加工	1.008	4041 电子计算机整机制造	17.953
2110 木质家具制造	1.008	2622 磷肥制造	14.452
4218 珠宝首饰及有关物品的制造	1.009	1610 烟叶复烤	11.797
3952 家用空气调节器制造	1.010	3311 铜冶炼	9.279

续表

Panel B：2011 年制造业行业技术前沿距离			
技术前沿距离最小的前 10 个行业		技术前沿距离最大的前 10 个行业	
行业	均值	行业	均值
2911 车辆、飞机及工程机械轮胎制造	1.013	3332 稀土金属冶炼	9.199
2032 木容器制造	1.014	3723 电车制造	8.768
3432 金属压力容器制造	1.014	2824 维纶纤维制造	8.322
3481 金属制厨房调理及卫生器具制造	1.016	1493 盐加工	8.247

注：行业分类参照 2002 年《国民经济行业分类》（GBT 4754—2002）。
资料来源：作者自行计算得到。

　　从静态角度来看，与美国各制造业行业相比，我国各行业劳动生产率都有明显落后差距，但各细分行业落后程度差别不一。表 3 - 3 中 Panel A 显示，1998 年我国工业企业与世界技术前沿距离最小的四位数制造业行业是集装箱制造行业，仅有 1.040，接近于美国同行业劳动生产率，而与世界技术前沿距离最大的四位数行业为盐加工行业，技术前沿差距为 43.236，约是前者的 43 倍。表 3 - 3 中 Panel B 显示，2011 年我国工业企业与世界技术前沿距离最小的四位数制造业行业是塑料人造革、合成革制造行业，仅有 1.001，而与世界技术前沿距离最大的行业为半导体分立器件制造行业，技术前沿差距为 25.016，约是前者的 25 倍。

　　从动态变化视角来看，我国各行业与世界技术前沿的差距呈现出显著的动态变化特征，但前沿技术差距表现出逐渐缩小趋势。首先，我国制造业行业中靠近世界技术前沿的行业和距离世界前沿较远的行业均存在显著的动态变化。例如，从 1998 年到 2011 年，与世界技术前沿较为接近的 10 个行业中，仅有家用空气调节器制造行业维持在这一队列，而其他行业均未能持续保持状态；而距离世界技术前沿较远的 10 个行业中，则只有磷肥制造业和盐加工行业一直处于该队列。

　　其次，与 1998 年各行业与世界技术前沿的差距相比较，2011 年我国各行业与世界技术前沿的距离约是前者的一半，这表明历经 13 年的时间我国制造业行业在不断追赶，与美国相关行业的劳动生产率差距逐渐缩小，制造业产业逐步升级。

二、中国制造业企业技术追赶演进轨迹

　　前一部分主要从国内层面和世界层面两个维度定量分析我国各制造业行业内部与世界技术前沿的生产率差距特征以及动态变化情况。接下来，本部分主要整理了部分文献基于现有典型案例得到的我国制造业企业技术追赶轨迹与特征。

　　经济全球化背景下，中国的后发企业正逐渐从追赶向超越追赶甚至技术前沿演进。通过对我国不同行业中成功企业的追赶实践研究，现有文献运用典型案例

分析等方法，对我国后发企业技术追赶路径和模式进行了总结与提炼。对此，本书从技术追赶模式、主要划分依据、技术追赶过程中匹配的创新策略、追赶模式体现的核心理论机制、追赶绩效、代表性案例企业这几个方面对相应文献进行对比分析（见表3－4），以归纳总结我国制造业中部分后发企业在实现成功追赶过程中的典型追赶模式及特征，为理解本书基于企业技术前沿距离视角展开的后续实证分析提供基础。通过相关分析，得到以下经验启示。

表3－4　　　　　　　　我国制造业中后发企业技术追赶部分典型模式

划分依据	追赶模式	创新策略	追赶绩效	核心理论机制	案例企业及所属行业	文献
技术能力变化情况	追赶阶段（1994～2005年）	与跨国公司合作，建立合资企业，实现国际成熟技术转移	2005年海天自主试制成功了国内第一台全电动注塑机HTD86，并开始投入生产	双元性学习模式随技术体制、市场需求和企业自身能力积累的变化而变化，进而实现赶超；双元性学习：追求新知识、新技术的探索性学习和关注现有知识和技术的利用性学习	注塑机行业（属于装备制造业）：宁波海天塑机集团	彭新敏等（2017）
	超越追赶阶段（2006～2015年）	跨国技术并购，技术团队融合，建设全球研发网络，自主研发，获得新兴技术	国内市场占有率第1，全球产量和销售额均第1，成为全球最大的注塑机生产商和先进塑机技术提供商			
关键性事件导致的市场份额或技术能力变化情况	追赶阶段（2001～2006年）	创新策略选择与所处追赶阶段和窗口类型有关：（1）技术机会窗口和制度机会窗口同时存在时，后发企业在不同追赶阶段偏爱采取类似的技术创新策略。（2）存在需求机会窗口时，根据所处追赶阶段的不同，后发企业通常会选择调整其市场创新策略	海康和大华分别位居国内市场份额的第一和第二	机会窗口与创新策略的匹配能够促进后发企业追赶绩效的提升	安防制造业：（1）杭州海康威视数字技术股份有限公司。（2）浙江大华技术股份有限公司	吴晓波等（2019）
	超越追赶阶段（2007～2015年）		全球视频监控市场份额赶超瑞典安迅士（前端摄像机产品的全球领先企业），海康和大华分别位居第一和第二			

续表

划分依据	追赶模式	创新策略	追赶绩效	核心理论机制	案例企业及所属行业	文献
市场发展阶段和追赶企业的一般特点	追赶起步期（1980～1999年）	技术引进	生存与壮大	从企业动态能力的感知、捕捉和配置要素解释企业赶超路径的差异	家电行业：海尔、美的、格力	郑刚和郭艳婷（2017）
	追赶加速期（2000～2012年）	建立海外研发中心，研发国际化	巩固竞争优势			
	超越追赶期（2013年至今）	平台化转型等开放式创新方式聚集全球创新资源	更新和维持竞争优势			
依据海尔自身划分的五个战略阶段	技术驱动（1984～1991年）	技术引进并消化吸收模仿创新		战略引领创新，创新形成企业核心能力，从而使企业获得可持续竞争力	家电行业：海尔集团	刘海兵和许庆瑞（2018）
	技术追赶（1992～1998年）	二次创新；合作创新，与国际领先企业建立合资工厂，展开技术合作等				
	技术与市场并驱（1999～2005年）	通过国际化战略，由技术创新追赶转换为市场创新追赶				
	市场拉动（2006～2012年）	搭建全球研发资源整合平台，在全球拥有五大研发中心，构建了开放式的全球研发体系				
	市场超越（2013年至今）	打造共创共赢面向全社会的孵化创客平台，通过企业平台化进行全价值过程创新				

资料来源：根据现有文献整理。

　　首先，后发企业追赶可以从市场追赶与技术追赶两种角度分析。这与李和李牧（Lee and Lim，2001）研究韩国产业追赶过程提出的后发追赶分类一致。企业技术水平和创新能力的提高最终要应用于市场，市场层次和市场规模动态变化情境下企业在市场中占据的地位也是体现赶超绩效的一种形式。

其次，后发企业技术追赶演进轨迹与信息网络化、经济全球化演进阶段相对应，其核心在于创新环境的变化。一般而言，我国成功的后发企业在追赶情境下中都经历了从"追赶者"到"同行者"再转型到"领导者"的阶段，后发企业在成为行业领导者的过程中所采取的学习和创新策略可能会随着外部环境的变化而发生动态演化。

最后，存在一些关键理论机制，能够解释后发企业如何突破追赶困境，从而实现追赶阶段的转换。例如，企业双元性学习组合模式的演化、企业能力的累积、企业在机会窗口与创新策略的匹配等都是促使后发企业追赶绩效提升的重要内在机制。

第四节　本章小结

本章重点分析我国银行业发展变革的历史演进历程、典型特征以及制造业企业在向技术前沿追赶过程中的典型特征与演进轨迹，以发现并初步分析典型问题，并为后续章节深入研究作铺垫。本章研究发现，就我国银行业发展状况而言。首先，在股份制商业银行、城市商业银行等非国有商业银行的市场进入冲击下，我国银行业整体的市场集中度呈现出持续下降态势，但国有大型商业银行占据着银行业的主导地位；其次，随着银行业改革的推进，非国有商业银行市场准入逐步放松，以我国股份制商业银行和城市商业银行为代表的中小商业银行分支机构数量近年来大幅增长，并呈现逐年增加趋势。并且银行业实施的放松管制政策落实效果显著，如2009年银监会推出的旨在鼓励中小商业银行市场准入的政策实施之后，中小商业银行数量较之前显著增加，且多数中小商业银行选择跨城市设立新增的分支机构。就1998~2018年全国339个城市数据表明，共有21420家是外地中小商业银行跨城市设立的分支机构，占比高达72.23%。另外，基于我国国内层面和世界层面两个不同维度，考察各制造业行业内部以及与世界技术前沿的生产率差距特征后发现，从国内角度看，我国国内不同年份不同行业内企业之间的生产率均存在着很大的差异；从国际角度看，与作为技术前沿的美国各制造业行业相比，我国各行业劳动生产率都有明显落后差距，但各细分行业落后程度差别不一。从动态变化视角来看，我国各行业与世界技术前沿的差距呈现出显著的动态变化特征，但前沿技术差距表现出逐渐缩小趋势，我国制造业在不断升级。除此之外，就我国制造业企业技术追赶状况而言，本章研究发现，通常来说，成功的后发企业在追赶情境下中都经历了从"追赶者"到"同行者"再转型到"领导者"的阶段，后发企业在成为行业领导者的过程中所采取的学习和创新策略可能会随着外部环境的变化而发生动态演化。

第四章

银行业信贷规模扩张与制造业企业生产率提升

银行业整体信贷规模扩张到底能否促进企业生产率提升，其对于异质性生产率企业的作用效果是否存在显著差异？此问题的回答不仅需要理论层面的分析探讨及直观的比较统计分析，还需要科学规范的计量回归分析。基于此，本章利用沪深 A 股制造业上市公司数据和城市层面银行业发展相关数据，实证分析了银行业规模扩张对企业 TFP 增长的影响效应。本章各部分的结构安排如下：第一节介绍本章的研究背景并提出问题；第二节是研究假设；第三节是实证设计，介绍本章涉及的计量模型、样本选择、数据来源以及变量定义；第四节展示实证回归结果及其分析；第五节是进一步分样本回归分析；第六节是对本章研究进行总结。

第一节 引　言

党的十九大报告指出，中国经济已由高速增长阶段转向高质量发展阶段。提高全要素生产率是高质量发展的动力源泉，而如何提高全要素生产率已成为中国转换经济发展阶段、实现现代化经济体系建设的核心议题。大量研究表明，金融发展是生产率增长的重要决定因素（Levine et al.，2000；Beck and Levine，2004；Greenwood et al.，2013）。在中国，以银行为绝对主导的金融体系意味着企业的效率提升和实体经济的转型升级离不开银行业的有效支撑。在此背景下，重新探讨以银行业为代表的正规金融发展对全要素生产率提升的作用机制，有助于了解微观企业效率提升的可能路径，把握银行业发展在服务实体经济中的作用渠道，对于完善金融体系改革，推动质量变革、效率变革和动力变革以实现国家经济结构的转型与升级具有重要意义。

现有研究多基于金融功能视角探讨金融发展对企业生产率增长的影响，而忽视了企业本身所处技术状态的重要作用。通常认为，金融发展可以通过优化融资环境，发挥资金配置、风险管理等基本职能，促进资本积累和技术进步，进而提高企业或行业的 TFP 增长（Love，2003；Butler and Cornaggia，2011）。基于此，外部融资依赖更高的企业或行业在金融发展过程中收益更多（Rajan and Zin-gales，1998；Ayyagari et al.，2008）。然而，仅关注资金的供给或需求忽略了一个重要问题。事实上，这些效应可能由于企业本身所处的技术状态的不同而改变。一方面，如果企业本身所处技术水平接近世界前沿，即便其融资依赖高，资金需求大，然而其高风险特性与银行偏好的错配导致追求稳健经营的银行缺乏动力支持其技术进步。另一方面，当企业前沿差距较大时，低风险和标准化特征与银行业资金供给原则相匹配，则银行对其技术赶超的作用可能很有效。

事实上，企业之间生产率差异普遍且持续存在，而这种差距的存在直接形成了效率的损失，由此对经济增长产生了不利影响（Hsieh and Klenow，2009；聂辉华和贾瑞雪，2011；罗德明等，2012）。因而，缩小企业间生产率差距可能是提高产业甚至国家全要素生产率的一个重要路径。同时，作为现代经济的核心和实体经济的血脉，以银行业为代表的金融发展是否有助于企业缩小生产力差距，进而推动全要素生产率的提升是本章关注的核心问题。

在不同效率企业并存的背景下，本章从企业不同的技术前沿距离入手，考察银行业整体规模扩张对企业 TFP 增长的异质性影响。基于沪深 A 股制造业上市公司数据和城市层面银行业发展相关数据，本章研究表明，银行业发展对于企业 TFP 增长的作用依赖于企业本身所处的技术状态：企业技术前沿差距越大，其生产率增长受银行业规模扩张的促进作用越大；企业技术前沿差距越小，其生产率增长受银行业规模扩张的促进作用越弱甚至可能受到抑制作用。进一步地，这种异质性影响在国有企业、非劳动密集型行业和制度环境更好的地区中表现更为显著。变换 TFP 测度方法、技术前沿差距指标和银行业发展指标以及采用工具变量进行内生性检验后结果均稳健。

本章的贡献之处主要体现在以下三个方面。

第一，本章从企业前沿技术差距这个新颖的角度重新解释了银行业发展对企业 TFP 增长的影响，实证检验了银行业发展对企业 TFP 增长的作用路径，发现银行业发展对企业生产率增长的影响是非线性的，其作用依赖于企业本身所处的技术状态，即银行业发展对于后发企业的技术进步作用效果更显著。这与龚强等（2014）、张一林等（2016）的理论分析观点高度一致，从微观企业层面提供了实证证据，并与林志帆和龙晓旋（2015）基于国别经验数据的研究结论相呼应，从而为理解中国制造业企业技术赶超提供了一个新的视角。

第二，现有研究大多聚焦于国有企业总体上的低效率，而忽视了国有企业内部处于不同技术状态企业的生产率差异。本章的研究发现，银行业发展能够促进国有企业中前沿差距大的企业实现追超型增长。因此，可以从一个角度说明，并不是所有国有企业都是低效率企业，且银行业发展有利于促进低效率国有企业的技术追赶。目前国内仅有极少量文献关注国有企业的技术追赶问题，例如，孔东民等（2014）研究发现，尽管国有企业生产率低于外企，但存在逐年追赶趋势。本章则进一步回答了何种方式有利于促进国有企业中哪些特征企业的技术追赶。这支持了"后发优势"的发展经济学理论，丰富了对国有企业生产效率问题的相关研究，对于深化国有企业改革、提高国有企业运行效率、落实"做强做优国有企业"政策主张具有重要的理论借鉴意义。

第三，本章研究发现，银行业发展对不同技术水平企业的异质性影响主要体现在制度环境较好的地区，即制度环境越好，后发企业的技术赶超受银行业发展的正向激励作用越显著。这反映了银行业发展对于后发企业的技术追赶作用需要政府配套构建良好的制度环境方能得以实现。此结论支持了以青木昌彦（1998）为代表的市场增进理论，即政府参与市场发展的主要途径应当是制度建设和政策配套，并以此推动经济发展。这从银行业发展与实体企业技术追赶的关系视角进一步深化了对这一理论的认识，并支持了"建设服务型政府"的政策主张。

第二节　研究假设

一、银行业规模与企业 TFP 提升：技术前沿距离的影响

作为正规金融体系的主体，银行通常依据风险高低、资金回报稳健与否以及产业技术是否成熟等标准进行信贷决策，从而对不同技术前沿差距企业的 TFP 增长的影响有所不同。对于远离技术前沿的企业来说，其学习和模仿的是现有的成熟技术，通过增加少量的研发以及人力资本等要素投入就能有效地掌握新技术并投入生产（Acemoglu et al.，2012；杨本建等，2016）。此时，银行在"标准化"信息的获取和处理、控制违约信用风险以及评估抵押物价值方面具有显著优势，更容易发挥其自身的制度特性支持实体经济（Allen and Gale，1999，2000；龚强，2014；张一林等，2016）。因此，以银行为代表的正规金融的发展能够促进前沿差距较大企业的技术赶超。

随着企业向技术前沿靠拢，其所需要学习和模仿的技术更加复杂，持续大量的自主研发成为其技术进步的关键。然而，在为技术和产品较新的高风险项目提供融资时，银行通常难以获取有效的企业内部信息以进行理性的信贷决策，并且银行的资金监督措施也难以有效实施，导致金融资源配置效率下降（Allen and Gale，2000；龚强等，2014；张一林等，2016）。更重要的是，技术前沿企业的风险—收益特征与银行自身制度特性存在错配，导致银行缺乏激励为其提供资金支持。张一林等（2016）研究发现，技术创新型企业在银行体系中较难得到有效

的资金支持。原因在于，通过银行融资必须要按期偿还本息，技术创新型企业面临着破产和清算的风险（林毅夫等，2009；Lin et al.，2013；龚强等，2014）。即使企业的研发创新取得成功，银行往往也只能获得固定利息，难以共同分享研发成功带来的超额回报，这与银行自身承担的风险不相匹配，导致银行缺乏足够激励支持技术创新企业（Stiglitz and Weiss，1981；林志帆和龙晓旋，2015；张一林等，2016）。此外，一些研究指出，在银行为主的金融体系中，企业为获取银行融资需要让渡大量的收益，这导致企业经营创新性、盈利性项目的努力程度降低，而倾向于采取"慢生长"的发展策略（Rajan，1992；Weinstein and Yafeh，1998）。因此，越是接近技术前沿，银行业规模的扩张对企业技术进步速度的提升作用可能越小。

据此，本章提出以下研究假说。

假说1：银行业规模扩张对不同技术前沿距离企业的生产率增长的影响不同，相对于那些靠近技术前沿的企业，银行业规模扩张对距离技术前沿较远的企业生产率增长的促进作用更显著。

二、银行业规模与企业 TFP 提升：企业所有制异质性

中国的金融发展与信贷政策与企业所有权性质密切相关。现有研究普遍认为，相对于其他非国有经济类型企业，国有企业常常表现出较低的生产效率（刘小玄，2000；姚洋和章奇，2001）。而根据"后发优势"理论，距离前沿差距越大，技术吸收模仿的空间就越大，技术进步速度越快。正是由于国有企业生产率相对较低，存在更多技术进步空间，因而银行业规模扩张对其前沿技术差距大的企业技术赶超作用可能更加显著。除了资金支持外，TFP 的提升也需要设备、人力资本、原材料和中间产品等多种要素配套投入才可实现。而相比较于其他类型企业，国有企业与政府之间存在紧密的经济和政治联系，更容易获得各项配套资源以提升其 TFP。例如，方明月（2014）发现，国有企业相对于其他类型企业，更容易获得贷款优惠、更低的原材料采购成本等。先天优势使得国有企业获得资金支持之后能够进一步实现赶超。而其他类型企业即便在正规银行业发展之下获得资金支持，也可能由于其他配套投入要素的缺乏而难以快速提升其生产率。

据此，本章提出以下研究假说。

假说2：相对于非国有企业，银行业规模扩张对企业 TFP 增长的异质性影响在国有企业表现更显著。

三、银行业规模与企业 TFP 提升：制度环境异质性

一直以来，企业所处的制度环境作为最基本的外在因素是经济增长研究的重

要议题（Acemoglu et al.，2005）。企业技术追赶的效果同样会受到所在区域制度环境的影响。事实上，企业所在地区的制度环境不但会影响微观企业的技术选择策略（Acemoglu et al.，2007），更可能会影响企业所处地区政府的行为和市场竞争的效果（Aghion and Howitt，2006；Buccirossi et al.，2013）。较好的制度环境往往意味着更成熟的市场体制以及更公开透明的法制环境，即市场优胜劣汰机制更完善，资源配置要素扭曲得到更多改善。已有研究普遍认为，市场竞争能够显著促进企业生产率增长（Disney et al.，2003；刘小玄和李双杰，2008；简泽和段永瑞，2012；Bourlès et al.，2013）。市场经济越发达的地区，资源误置程度越低，企业生产率相对越高（张杰等，2011）。竞争压力以及低市场摩擦的存在有利于促进资源从低效率企业到高效率企业的再分配，进而促进 TFP 增长（毛其淋和许家云，2015）。因此，在制度环境较好的地区中，市场竞争压力和较低的资源误配使得距离前沿差距较大的企业更有动力进行技术追赶。此时企业前沿差距越大，其技术追赶速度可能受金融发展的正向影响越大。

据此，本章提出以下研究假说。

假说 3：相比于制度环境较差的地区，在制度环境更好的地区中，越是技术前沿距离较大的企业，其技术追赶速度受银行业规模扩张的促进作用越显著。

四、银行业规模与企业 TFP 提升：不同行业性质异质性

银行业规模扩张对于企业 TFP 增长的作用效果可能会受到企业所处行业特性的影响。龚强等（2014）从金融结构与产业特性相互匹配的视角出发，研究表明不同的金融结构适用于不同的产业结构，其原因在于不同的产业发展具备不同的风险特性。具体而言，相比于劳动密集型行业，资本和技术密集型行业对技术创新的依赖程度依次递增。而技术创新依赖程度越高，技术回报率不可观测、不确定性较高。在资本和技术密集型行业中，企业越靠近技术前沿，风险越大，越可能与银行偏好错配。此时通过银行业发展为代表的正规金融的发展来提高生产率的支持手段可能导致资源配置的扭曲，最终降低 TFP 增速。相反，若企业距离技术前沿较远，则相对较低的风险可能使企业能够获得更多的银行资金支持以进行技术追赶。对劳动密集型行业而言，由于其生产过程多依赖于劳动力的大量投入，不管行业内企业与技术前沿距离大小，获得资金支持后企业更可能进行的是规模扩张而不是技术改进。

据此，本章提出以下研究假说。

假说 4：相比于劳动密集型行业，在资本和技术密集型行业中越是前沿距离较大的企业，其技术追赶速度受银行业规模扩张的促进作用越显著。

第三节　实证设计

一、实证模型

本章参考杨本建等（2016）和丁等（Ding et al., 2016）的技术赶超模型，构建一个检验银行规模扩张影响企业技术追赶的实证模型，具体设定如下：

$$gtfp_{ijct} = \alpha_0 + \alpha_1 Findevelop_{c,t-1} + \alpha_2 Dist_{ij,t-1} + \alpha_3 Findevelop_{c,t-1} \times Dist_{ij,t-1}$$
$$+ X\gamma + \eta_t + \mu_i + \mu_j + \varepsilon_{ijct} \tag{4-1}$$

式中，$gtfp$ 表示企业全要素生产率的增长率，下标 i 表示企业，j 表示行业，c 表示城市，t 表示年份。$Findevelop$ 为衡量城市 c 在 $t-1$ 时期的银行业发展水平。由于银行业发展对企业技术进步的影响需要一定的时间，本章在构建模型时将银行业发展指标滞后一期。$Dist$ 代表的是企业技术前沿距离，具体指标界定见下文变量定义部分。为考察在不同的技术前沿距离上银行业发展对企业技术进步的异质性作用，本章将 $Findevelop$ 与 $Dist$ 指标以交互项形式引入模型。a_2 反映的是企业技术追赶的速度，a_1 和 a_3 分别反映的是银行业发展对企业技术进步的主要影响以及这种影响对于不同技术前沿距离企业的异质性。μ_i 为个体固定效应，η_t 为时间固定效应，μ_j 为行业固定效应。X 为其他控制变量向量，详见本章下文变量定义。为减少内生性问题干扰，前沿技术差距指标及主要控制变量均滞后一期。本章后文回归中均聚类（cluster）在城市年份层面。

二、样本选择和变量定义

（一）样本选择

本章选择 2003~2016 年沪深 A 股所有制造业上市公司作为研究样本。选择这个样本区间的原因在于，2003 年为测算上市公司 TFP 相关指标可得数据的起始年，而 2016 年是可获取的各城市银行发展以及 GDP 等相关数据指标的截止年份①。沿袭已有文献，且为保证样本使用的严谨性，本章按如下标准进行严格筛选：（1）由于 2012 年之前上市公司行业划分标准与 2012 年之后行业划分标准存在差异，本章根据中国证监会发布的 2001 版和 2012 版"上市公司行业分类指引"，将 2012 年前后上市公司的二分位行业进行一一对比，更新 2012 年之前的各行业代码，统一了各年份的行业分类标准。在此基础上，剔除所有非制造业行

---

① 需要注意的是，2018 年《中国城市统计年鉴》公布的各城市 GDP 数据为市辖区层面数据。鉴于本章关注各城市银行业整体规模扩张对实体经济发展的影响，因此主要使用各城市全市层面数据作为基础进行相关实证分析，故可得城市层面相关数据截至 2016 年。

业样本。（2）剔除 ST 和 PT 公司及西藏地区数据，剔除资产负债率大于 1，增加值和中间投入为负以及数据不完整的样本。经过处理最终获得的样本涉及 29 个制造业行业，包括 14525 个公司年度观测值。为消除异常值的影响，对相关连续变量在 1% 分位上进行 Winsorize 处理。所有上市公司财务数据来自 Wind 和 CSMAR 数据库。银行业发展数据和城市层面数据均来自历年《中国城市统计年鉴》。

（二）变量定义

1. 企业 TFP 的测度

一般而言，只要给定一定形式的生产函数，通过最简单的最小二乘估计法（OLS）回归估计得到其残差，即可度量全要素生产率。但是，根据鲁晓东和连玉君（2012）所述，使用这种方法的弊端在于会产生同时性偏差与样本选择性偏误问题。在此背景下，延伸出了更合理的 OP 和 LP 等半参数估计方法，并被国内外诸多文献研究广泛采用。然而，正如阿克伯格等（Ackerberg et al.，2015）提到的，由于现实生活中企业的中间投入决策会受资本投入、劳动投入以及生产率的影响，因此应用 OP 方法和 LP 方法时的一些假设条件较为苛刻，并不符合现实，导致了这两种方法同样存在着不可识别抑或内生性问题。基于此，阿克伯格等（Ackerberg et al.，2015）在放松这两种方法的一些前提假设的基础上，进一步对生产函数的估计方法进行了完善，以更好地处理同时性偏差等问题，提高了估计结果的准确性。所以，本章借鉴国际较前沿的阿克伯格等（Ackerberg et al.，2015）的方法（简称 ACF 法），对生产函数进行估计并测算全要素生产率。同时利用莱文森和彼得林（Levinsohn and Petrin，2003）提出的 LP 法计算的企业生产率开展稳健性检验。

假设企业的生产经营过程符合柯布—道格拉斯（Cobb-Douglas）生产函数，本章通过 ACF 法估计得到上市公司全要素生产率的测度指标，将具体生产函数取对数后可表示为：

$$\ln Y_{it} = \beta_0 + \beta_1 \ln K_{it} + \beta_2 \ln L_{it} + \beta_3 \ln M_{it} + \ln \omega_{it} + \mu_{it} \qquad (4-2)$$

式中，Y_{it} 表示企业 i 第 t 年的产出，K_{it} 代表企业 i 第 t 年的资本投入，L_{it} 表示的是企业 i 第 t 年的劳动力投入的度量指标，M_{it} 表示企业 i 第 t 年的中间投入，ω_{it} 表示的是企业自身可知但不可被外部观测且随时间变化的企业异质性生产率，μ_{it} 表示测量误差或生产率偏离预期水平的冲击，与投入要素决策不相关。通过估计最终得到取对数形式的全要素生产率 $\ln \hat{\omega}_{it}$。在测算 TFP 指标的选取上，借鉴任曙明和吕镯（2014）、阿克伯格等（Ackerberg et al.，2015）及贝利等（Beerli et al.，

2018）等相关研究，采用计算得到的工业增加值衡量产出①，用企业员工人数衡量劳动力投入，用固定资产净额衡量资本投入，工业中间投入指标使用"工业产值 + 应交增值税 − 工业增加值"计算得到。参考伯兰特等（Brandt et al.，2012）、杨本建等（2016）和贝利等（Beerli et al.，2018），在估计 TFP 时，各指标均取对数处理，且控制行业和年份固定效应。对于平减指数的选取，采用各年各省份的工业生产者出厂价格指数、固定资产投资价格指数及工业生产者购进价格指数对各相应投入产出变量（员工人数除外）进行平减，基期为2003 年。

2. 银行业发展水平的衡量

中国的金融体系一直以来都是银行主导型，信贷体系在推动各地区投资及经济增长方面发挥着关键作用。与钱水土和周永涛（2011）、钟腾和汪昌云（2017）和张杰和高德步（2017）等研究一致，本章采用各城市年末金融机构各项贷款余额占当年名义 GDP 的比例衡量银行业发展规模。后续采用金融相关性指标作为银行业发展的替代性指标进行稳健性检验，金融相关性指标为各城市金融机构年末各项存贷款余额之和与当年名义 GDP 的比值。

3. 技术前沿距离的测度

参考杨本建等（2016），本章根据前文测算的企业 TFP，按照上市公司两位数制造业行业分类，将每一个行业中 TFP 最高的企业作为技术前沿企业，而企业与技术前沿的距离则以其他非技术前沿企业的 TFP 与技术前沿企业 TFP 的差值来表示。为避免这种测度方法下极端值驱动结果的可能性，本章后续采用TFP 前五企业的平均 TFP 作为技术前沿，同样以其他非技术前沿企业 TFP 与技术前沿企业 TFP 的差值来衡量其与技术前沿的差距，以对估计结果进行稳健性检验。

4. 控制变量

本章回归中还加入了其他控制变量。参考杨本建等（2016）、赵健宇和陆正飞（2018）、钱雪松等（2018）等，选取的控制变量包括两大类。第一类为公司层面特征，包括公司规模、政府补贴、资产负债率、托宾 Q、固定资产比重、第一大股东持股比、年龄、产权性质和资产收益率（ROA）。第二类为宏观区域层面特征，加入了各城市 GDP 对数和当地市场规模来控制经济发展阶段的影响。此外，本章还控制了行业和区域固定效应以控制不随时间变化的因素，加入了年份固定效应以控制企业共同面临的经济周期等宏观冲击影响。关于变量的详细说明，参见表 4 – 1。

---

① 具体计算方法参见任曙明和吕镯（2014）。

表 4 - 1 　　　　　　　　　　　　　　　　变量的定义

变量类型	变量名称	变量符号	变量定义
被解释变量	全要素生产率增长率	gtfp	企业的 TFP 增长率（%）
解释变量	金融发展	Findevelop	各城市金融机构年末贷款余额/GDP
	技术前沿距离	Dist	企业技术前沿差距指标
公司层面	公司规模	lnasset	年末总资产的对数
	政府补贴	lnsubsidy	政府补贴的对数
	托宾 Q	TobinQ	股票市值/（总资产 - 无形资产净额 - 商誉净额）
	上市年龄	Age	公司上市年限
	资产负债率	Leve	年末公司总负债/年末总资产
	总资产收益率	ROA	总资产/股东权益平均余额
	固定资产比例	Fixrate	固定资产原值/总资产
	第一大股东持股比	Large	第一大股东持股占比
	所有制性质	SOE	属于国有企业则赋值为 1，否则为 0
区域层面	地区 GDP	lngdp	公司所在城市的 GDP（单位：亿元）的对数
	本地市场规模	lnpopu	公司所在城市的人口数（单位：万人）的对数
	地区制度环境	Govern	以樊纲等（2016）编制的各省市场化指数中细分指标"政府与市场关系"衡量

（三）描述性统计

表 4 - 2 是对各主要变量的描述性统计结果。2003 ~ 2016 年，就生产率指标而言，使用 ACF 方法测算的生产率与任曙明和孙飞（2014）基于主板制造业上市公司平衡面板数据测算得到的结果差异较大，原因可能与样本时间跨度及板块选择有关。由表 4 - 2 可以看出，生产率指标（lntfp）最大值与最小值均相差较大，说明中国上市公司中高生产率企业与低生产率企业并存，异质性生产率差异特征显著。同样地，企业技术前沿距离指标（Dist）的最小值和最大值差异，也反映了不同企业之间效率状态的异质性。上市公司的 TFP 增长速度（gtfp）均值为 1.287%，最小值为 -25.345%，最大值为 32.020%，说明样本期间不同企业之间的技术进步速度差异较大。

表 4 - 2 　　　　　　　　　　　主要变量描述性统计

变量	观测值	均值	标准差	最小值	中位数	最大值
公司层面						
lntfp	14525	7.311	0.240	6.868	7.252	8.430

续表

变量	观测值	均值	标准差	最小值	中位数	最大值
gtfp	12319	1.287	7.807	−25.345	0.649	32.020
Dist	14525	0.824	0.363	0.000	0.855	1.427
ln*asset*	14525	21.658	1.109	19.583	21.512	25.126
Fixrate	14525	0.255	0.147	0.020	0.228	0.665
Large	14525	0.364	0.148	0.091	0.348	0.739
ROA	14525	0.043	0.048	−0.122	0.039	0.193
ln*subsidy*	14525	13.667	5.840	0.000	15.722	19.920
TobinQ	14525	2.182	1.565	0.442	1.720	6.175
Leve	14525	0.417	0.200	0.007	0.414	0.998
Age	14525	7.549	5.823	0.000	6.000	26.000
SOE	14525	0.411	0.492	0.000	0.000	1.000
城市层面						
Findevelop	14525	1.446	4.277	0.075	1.182	90.157
popu	14525	665.833	475.402	16.370	580.200	3392.000
gdp	14525	6189.817	6382.497	31.773	3605.114	28178.650

就公司层面其他变量而言，固定资产占总资产比重的均值为 25.5%；企业第一大股东持股占比均值为 36.4%；企业总资产收益率均值为 0.043；企业收到的政府补贴差异较大；企业相对市场价值参差不齐，最小值和最大值分别为 0.442 和 6.175；企业资产负债率的均值为 41.7%；企业平均上市年限为 7.549 年；样本中大约 41.1% 的企业为国有企业。

就城市层面变量而言，银行业发展水平（*Findevelop*）在样本期间表现出较大差异，各地年末金融机构贷款余额占 GDP 比例最低为 0.075，最高达 90.157。城市年末人口数最小为 16.370 万人，最多有 3392 万人，同样存在较大差异；城市地区生产总值最小值为 31.773 亿元，最大值为 28178.650 亿元，在城市一年份层面上存在较大的差异。

进一步区分不同企业技术前沿距离，以对主要变量进行描述性统计，结果见表 4 − 3。根据表 4 − 3，2003 ~ 2016 年，接近技术前沿的企业具有相对更高的平均 TFP 和更快的平均 TFP 增长速度；自然地，接近技术前沿企业的平均技术前沿距离更小；除此之外，相比远离技术前沿的企业，接近技术前沿的企业平均规模更大、平均固定资产比重相对更高、平均第一大股东持股比重更高、平均获得的政府补贴更多、平均的市场相对价值偏低、资产负债率相对更高、上市年龄相对更长且偏向于国有企业性质。就城市层面变量而言，接近技术前沿企业所在城市的银行业相对规模偏低、年末人口数相对更多，但地区经济发展水平相对偏低。

表 4 - 3 　　　　　　　　主要变量描述性统计：按前沿技术距离分组

变量	接近技术前沿				远离技术前沿			
	观测值	均值	中位数	标准差	观测值	均值	中位数	标准差
公司层面								
ln*tfp*	7268	7.428	7.367	0.267	7257	7.194	7.180	0.126
gtfp	6270	2.350	1.273	8.851	6049	0.185	0.127	6.367
Dist	7268	0.546	0.589	0.266	7257	1.103	1.118	0.192
ln*asset*	7268	22.004	21.865	1.219	7257	21.312	21.243	0.858
Fixrate	7268	0.275	0.248	0.163	7257	0.235	0.215	0.126
Large	7268	0.374	0.360	0.151	7257	0.353	0.333	0.144
ROA	7268	0.043	0.037	0.049	7257	0.043	0.041	0.048
ln*subsidy*	7268	13.879	15.946	5.966	7257	13.454	15.549	5.704
TobinQ	7268	1.903	1.413	1.493	7257	2.462	2.027	1.585
Leve	7268	0.453	0.463	0.198	7257	0.380	0.370	0.195
Age	7268	8.369	7.500	5.958	7257	6.729	5.000	5.566
SOE	7268	0.464	0.000	0.499	7257	0.358	0.000	0.480
城市层面								
Findevelop	7268	1.419	1.127	4.213	7257	1.474	1.234	4.340
popu	7268	676.432	588.825	477.532	7257	655.219	574.060	473.055
gdp	7268	6174.817	3548.163	6472.419	7257	6204.839	3684.936	6291.562

注：以 *Dist* 中位数为基准划分前沿技术距离。

第四节　实证分析

一、基准回归结果

表 4 - 4 表示的是以行业 TFP 最高的企业作为每一个两位数行业的技术前沿，以其他企业 TFP 与相应的技术前沿的差值作为技术前沿距离的基准回归结果，以检验银行业相对规模扩张对企业技术追赶的影响效应。表中列（1）、列（2）、列（3）分别表示的是依次加入企业技术前沿距离、加入银行业相对规模指标、加入银

行业相对规模与企业技术前沿距离的交乘项之后的结果。

表 4 – 4　　　　　　　　　　银行业规模与企业技术追赶：基准结果

变量	(1) *gtfp*	(2) *gtfp*	(3) *gtfp*
Dist	8. 598 *** (16. 22)	8. 598 *** (16. 21)	7. 357 *** (11. 89)
Findevelop		0. 002 (0. 04)	– 0. 019 (– 0. 37)
Findevelop ×Dist			1. 053 *** (2. 75)
lnasset	0. 424 (1. 42)	0. 423 (1. 42)	0. 393 (1. 32)
Leve	5. 630 *** (5. 79)	5. 630 *** (5. 80)	5. 675 *** (5. 85)
Fixrate	– 7. 252 *** (– 5. 93)	– 7. 252 *** (– 5. 93)	– 7. 291 *** (– 5. 95)
TobinQ	0. 487 *** (4. 38)	0. 487 *** (4. 37)	0. 485 *** (4. 37)
ROA	– 2. 376 (– 0. 78)	– 2. 375 (– 0. 78)	– 2. 425 (– 0. 80)
Large	– 1. 773 (– 1. 17)	– 1. 771 (– 1. 17)	– 1. 800 (– 1. 19)
lnsubsidy	– 0. 013 (– 0. 44)	– 0. 013 (– 0. 44)	– 0. 011 (– 0. 38)
SOE	0. 293 (0. 50)	0. 294 (0. 50)	0. 305 (0. 52)
Age	– 0. 127 (– 1. 55)	– 0. 132 (– 0. 81)	– 0. 148 (– 0. 90)
lngdp	0. 186 (0. 93)	0. 224 (0. 21)	0. 253 (0. 24)
lnpopu	1. 596 (1. 16)	1. 584 (1. 13)	1. 487 (1. 10)

续表

变量	（1） gtfp	（2） gtfp	（3） gtfp
Cons	-22.420** （-1.98）	-22.590* （-1.82）	-21.447* （-1.77）
企业固定效应	Yes	Yes	Yes
年份固定效应	Yes	Yes	Yes
行业固定效应	Yes	Yes	Yes
Adj. R^2	0.097	0.097	0.098
N	12319	12319	12319

注：系数下括号内为均经过"城市—年份"层面聚类调整后的稳健 t 值；*、** 和 *** 分别表示在 10%、5% 和 1% 的水平上显著。

表 4-4 回归结果显示，在不同的模型设定下，企业技术前沿距离 Dist 的系数估计值在 1% 水平上均显著为正。这一结果从微观企业层面验证了后发优势理论，即企业距离技术前沿差距越大，其进步空间越大，生产率的增长越快；企业技术前沿差距越小，其生产率增长越慢。这说明，后发企业向同行业技术前沿企业的追赶缩小了企业间生产率差距，从而带动了制造业的技术进步。表 4-4 列（2）仅考察银行业发展水平对企业 TFP 增长的影响，其回归结果显示，银行业发展水平 Findevelop 的估计系数为 0.002，在统计水平上并不显著，没有发现银行业发展对企业 TFP 增长的直接作用效果。表 4-4 列（3）加入银行业发展水平与企业技术前沿距离交互项 Findevelop ×Dist 的估计结果显示，交互项 Findevelop ×Dist 的估计系数为 1.053，在 1% 水平显著为正，而银行业发展水平 Findevelop 的估计系数为 -0.019，不显著为负。这表明，银行业相对规模的扩张对企业 TFP 增长的影响是非线性的，其作用效果依赖于企业自身的技术前沿差距。银行业发展对企业技术赶超的影响随着企业技术前沿差距的增大而更显著。随着企业技术前沿差距的缩小，银行业相对规模的扩张对企业技术进步的正向影响可能转变为负向。也就是说，企业越是远离技术前沿，银行业规模扩张对其 TFP 增长的正向提升作用就越大；企业越是接近技术前沿，其 TFP 增长受地区银行业发展的正向影响就越小甚至转为负向影响。基于此，本章的基准回归结果可以认为是从微观企业层面实证验证了龚强等（2014）的核心观点，即银行业稳健经营的自身特性决定了银行融资方式更适合服务有后发优势的企业。换言之，企业的后发优势越大，越适合由银行支持，银行业相对规模扩张对于企业技术进步的支持作用也越强。

就其他控制变量而言，在表 4-4 不同的模型设定下，资产负债率 Leve 系数显著为正，这可能是因为企业能够通过举债经营，扩大生产规模，开拓市场，进而提升 TFP 增速；固定资产比例 *Fixrate* 越大，企业 TFP 增速越慢，这是由于过大的固定资产比例会挤占企业运营资金，降低资金流动性，同时也导致高折旧与高成本，影响企业运营，因此较低的固定资产比例更有利于企业 TFP 增长；企业成长机会 *TobinQ* 越多，企业 TFP 增长的可能性越大；企业规模、总资产收益率、第一大股东持股比例、研发补贴水平、上市年龄、企业所有制性质、当地 GDP 和人口数量均未对企业生产率增长产生显著影响。

二、内生性问题

本章模型设定综合了区域层面和企业层面指标，地区银行信贷发展水平作为宏观层面因素可以影响企业层面微观因素，但企业 TFP 增长作为微观层面因素对地区银行信贷发展的影响较弱，可在一定程度上削弱反向因果关系。此外，本章将地区银行业发展水平与企业前沿技术差距指标均滞后一期以期减少内生性问题干扰，但仍无法完全排除内生问题存在的可能，如遗漏变量等。为此，采用工具变量法来处理这些问题。借鉴马光荣和李力行（2014）、贾俊生等（2017）等做法，本章以 1936 年银行数量作为地区银行业市场发展的工具变量。首先，由于一个地区的银行业发展规模有很强的历史路径依赖和历史积淀，过去的银行业发展程度会影响现代的银行业发展水平，因而历史上银行数量与现代信贷市场发展水平是高度相关的。其次，历史上的银行业发展变量与现在企业变量的相关性微乎其微，且除了通过影响现代银行业发展水平以外，难以通过别的途径来影响现在企业的技术进步，因此可以作为一个较为理想的外生性工具变量。由于 1936年银行数量不随时间发生变化，在固定效应模型中会被吸收掉，我们借鉴贾俊生等（2017）、纳恩和南希（Nunn and Nancy，2014），将 2008 年金融危机发生的这个外生冲击作为间断点，与 1936 年银行数量相乘，得到随时间变化的工具变量。由于本章只有一个工具变量，因此模型是恰好识别的，只需对工具变量进行有效性检验以保证工具变量选择的合理性。

表 4 - 5 是使用 2SLS 方法对工具变量进行回归估计的结果，其中 Panel A 是第二阶段回归结果，Panel B 是第一阶段回归结果。由于在工具变量法估计中加入企业固定效应将无法对残差在"城市—年份"层面上进行集聚处理，我们采用城市固定效应来代替企业固定效应。从第一阶段工具变量的估计系数来看，其在 1% 水平上显著为负，即 1936 年银行总行数量对当前的银行业发展水平具有显著的影响，所处地区历史银行数量越多，受金融危机冲击的后续影响可能越大，银行业规模扩张速度可能变慢。弱工具变量 F 检验的值为 26.864，大于 Cragg - Donald 统计量的临界值和常用的临界值 10，因此不存在弱工具变量的问题，说明所选取的工具变量是有效的。

表 4 - 5　　　　　　　　　　　　工具变量回归结果

Panel A：二阶段回归结果（因变量为 *gtfp*）

指标	（1）
Dist	1. 503
	（0. 79）
Findevelop	0. 169
	（1. 12）
Findevelop ×*Dist*	3. 098 **
	（2. 07）
Controls	Yes
城市/行业/年份固定效应	Yes
观测值	12319

Panel B：第一阶段回归结果（因变量为 *Findevelop*）

Instrument	− 0. 116 ***
	（ − 6. 32）
First stage *F*-test of excluded instruments	26. 864
Underidentification test （*p*-values）	0. 000

注：系数下括号内为均经过"城市—年份"层面聚类调整后的稳健 *t* 值；＊、＊＊ 和 ＊＊＊ 分别表示在 10%、5% 和 1% 的水平上显著。

表 4 - 5 中，第二阶段估计结果显示，银行业发展水平和企业技术前沿差距的交乘项 *Findevelop* ×*Dist* 的估计系数为 3. 098，在 5% 水平上显著为正，银行业发展 *Findevelop* 的系数估计值不显著为正。这说明，即使考虑到可能存在的反向因果关系以及遗漏变量等内生性问题，银行信贷发展对企业 TFP 增长的作用仍依赖于企业自身的技术前沿差距，越是远离技术前沿的企业，银行信贷发展对其 TFP 增长的正向激励作用越显著。

三、稳健性检验

为了检验本章前文基准回归结果的稳健性，本章从不同方面进行了稳健性检验，包括更换企业全要素生产率（TFP）的测度方法、更换企业技术前沿距离衡量指标以及更换银行业发展水平衡量指标等。结果表明，本章研究结论较为稳健。

（一）更换企业 TFP 的测量方法

更换企业生产率的测量方法可以进一步检验基准回归结果的稳健性。LP 方法使用企业的中间投入品作为不可观测的生产率冲击的代理变量，由于中间投入的调整成本较小且企业都有中间投入支出，因此能够较好地反映生产率的变化。

基于此，本章采用 LP 方法测度企业的 TFP，并进一步计算企业的 TFP 增长率和技术前沿差距，以进行稳健性分析。回归结果见表 4 - 6 中列 (1)。结果表明，银行业发展和企业技术前沿差距的交乘项 $Findevelop \times Dist$ 的估计系数仍显著为正，银行业发展 $Findevelop$ 的系数估计值不显著为负，这说明即便更换一种企业生产率测度方法，仍然能够得到银行业发展更加有利于后发企业的技术赶超的结论。

表 4 - 6　　　　　　　　　　　　稳健性检验

变量	(1) 更换 TFP 测度方法	(2) 更换银行发展水平指标	(3) 更换企业技术前沿距离指标
$Dist$	9.631 *** (11.50)	13.550 *** (2.595)	13.699 *** (14.17)
$Findevelop$	-0.072 (-1.08)		0.006 (0.11)
$Findevelop \times Dist$	0.073 *** (3.45)		1.232 ** (2.33)
FIN		-0.045 (-1.40)	
$FIN \times Dist$		0.048 ** (2.38)	
城市特征变量	Yes	Yes	Yes
企业特征变量	Yes	Yes	Yes
企业固定效应	Yes	Yes	Yes
年份固定效应	Yes	Yes	Yes
行业固定效应	Yes	Yes	Yes
Adj. R^2	0.097	0.123	0.250
N	12319	12181	12319

注：系数下括号内为均经过"城市—年份"层面聚类调整后的稳健 t 值；＊、＊＊和＊＊＊分别表示在 10%、5% 和 1% 的水平上显著。

（二）更换银行发展水平的衡量指标

本章采用各城市金融相关性指标 FIN（各城市金融机构年末各项存贷款余额之和与当地名义 GDP 的比值）作为各城市银行业发展水平的替代性指标进行稳健性检验，结果见表 4 - 6 中列 (2)。金融相关性指标与企业前沿技术差距的交互项估计系数在 5% 水平上显著为正，和预期一致，说明银行发展对后发企业的技术追赶作用更显著这一结论是比较稳健的。

（三）更换企业技术前沿距离指标

将同行业 TFP 前五企业作为基准技术前沿进行稳健性检验，以消除极端值驱动回归结果的顾虑。本章前文按照两位数制造业行业分类，基于国内行业 TFP 最高企业作为每一个两位数行业的技术前沿基准，构建了企业技术前沿距离指标，这可能会受到极端值驱动估计结果的质疑。为此，参考杨本建等（2016）等的做法，将同年同行业中 TFP 前五的企业作为技术前沿，以技术前沿企业 TFP 均值与其他非技术前沿企业 TFP 的差额来重新度量企业技术前沿差距，回归结果见表 4 - 6 中列（3）。回归结果显示，银行业发展水平与企业技术前沿差距交互项的估计系数在 5% 水平上显著为正，说明变换企业技术前沿差距测算方法，结论同样稳健。

第五节　进一步分析

为进一步验证银行业规模扩张对企业技术进步的异质效应是否受到所有权性质、行业性质以及制度环境的影响，我们按照所有制结构、行业性质以及制度环境类型划分不同样本，进行分样本比较分析。

一、根据企业所有制结构划分样本的分析

中国的金融发展和信贷政策与企业所有权性质密切相关。国有企业通常能够获得政府的庇护和更多的信贷倾斜，从而在银行业规模扩张时容易获得更多的信贷融资。从生产效率来看，多数研究表明国有企业生产率相对其他类型企业往往更低（姚洋和章奇，2001），但也有部分研究发现，尽管国有企业效率相对较低，但却表现出显著的逐年追赶趋势（孔东民等，2014）。为此，有必要区分不同企业所有制性质，以探讨本章前文所表述的异质效应是否在不同产权结构的企业中有所不同，本章把企业样本按照所有制结构划分为国有和非国有两类分别回归，结果见表 4 - 7。

表 4 - 7　　　　　　　　　　企业所有制异质性回归结果

指标	（1） 国有企业	（2） 非国有企业
Dist	6.411 *** (6.64)	8.257 *** (9.69)

指标	(1) 国有企业	(2) 非国有企业
Findevelop	- 0. 016 （ - 0. 23）	- 0. 021 （ - 0. 27）
Findevelop ×*Dist*	1. 158 ** （2. 01）	1. 061 ** （2. 20）
城市特征变量	Yes	Yes
企业特征变量	Yes	Yes
企业固定效应	Yes	Yes
年份固定效应	Yes	Yes
行业固定效应	Yes	Yes
Adj. R^2	0. 104	0. 117
N	5244	7075

注：系数下括号内为均经过"城市—年份"层面聚类调整后的稳健 *t* 值；＊、＊＊和＊＊＊分别表示10%、5%和1%的显著水平。

表 4 - 7 的回归结果显示，在控制了城市和企业特征变量以及年份、企业和行业等固定效应后，银行业相对规模和企业技术前沿距离的交互项 *Findevelop* × *Dist* 的估计系数大小具有明显的差异：在国有企业组回归中，交互项系数为1. 158，且在 5% 的统计水平上显著；在非国有企业组回归中，该交互项系数为1. 061，且在 5% 的统计水平上显著。该结果表明，银行业相对规模的扩张对于国有企业的技术追赶具有更大的促进作用。这与本章前文研究假说 2 的预期较为一致，相比其他类型企业，国有企业在资源禀赋上独有的先天优势以及更大的技术赶超空间，使得银行业发展对于远离技术前沿企业的提升作用，在国有企业表现得更为突出。

二、根据制度环境划分样本的分析

如何恰当处理政府与市场关系、发挥市场决定性作用和政府精准作用，是当前中国经济向创新驱动发展转型以实现可持续发展的重要议题。而企业所处地区的制度环境优劣是反映该重要议题的一个直接体现。以青木昌彦（1998）为代表的市场增进论认为，政府应积极参与市场发展，但参与的主要方式应当是通过制度建设和政策配套，支持企业组织、金融中介等的发展和它们之间的相互协调。现有研究结果表明，良好的制度环境可以降低企业的制度交易成本（Acemoglu et al.，2007；夏杰长和刘诚，2017；王永进和冯笑，2018），推进产业结构优化升级（韩永辉等，2017），进而促进地区经济增长（董志强等，2012）。同样地，一个国家或地区的制度环境会影响企业的技术赶超效果（Buccirossi et al.，2013；毛其淋和许家云，2015）。因此，本章将样本按照企业所处地区制度环境 Govern（以市场化指数中细分指标"政府与市场关系"衡量）的中位数，划分为制度环境较好和制度环境较差的地区进一步回归分析，以检验银行业规模扩张对企业技术赶超的作用是否在不同的制度环境中表现各异①，估计结果见表 4 - 8。

表 4 - 8　　　　　　　　　　制度环境异质性回归结果

变量	（1） 制度环境较好	（2） 制度环境较差
Dist	5.660 *** （3.20）	8.428 *** （4.91）
Findevelop	- 4.610 *** （- 3.02）	- 0.098 （- 0.09）
Findevelop ×Dist	4.398 *** （3.00）	1.109 （0.97）
城市特征变量	Yes	Yes
企业特征变量	Yes	Yes
企业固定效应	Yes	Yes
年份固定效应	Yes	Yes
行业固定效应	Yes	Yes
Adj. R^2	0.121	0.127
N	3685	3483

注：系数下括号内为均经过"城市—年份"层面聚类调整后的稳健 t 值；*、** 和 *** 分别表示 10%、5% 和 1% 的显著水平。

表 4 - 8 回归结果显示，在制度环境较好的地区中，银行业规模和企业技术前沿差距的交乘项 Findevelop ×Dist 的估计系数为 4.398，在 1% 统计水平上显著为正；在制度环境较差的地区，交互项估计系数并不显著。这说明银行业发展对处于不同技术前沿差距企业的异质性影响，在不同的制度环境中表现存在差异。即这种异质性影响——银行业规模扩张对于远离技术前沿企业的 TFP 增长的正向激励作用更显著——主要体现在制度环境好的地区，而这种效应并没有显著表现在制度环境弱的地区。这意味着，以完善制度建设为核心的服务型政府的构建，有助于合力银行业发展共同提高后发企业的技术赶超速度，缩小生产率差距以实

① 现有研究通常采用樊纲等（2009，2016）编制的中国市场化指数中的细分指标作为地区制度环境的替代性指标，鉴于 2016 版指数的计算标准与 2009 版指数标准有所不同，不适宜将数据区间合并进行相关分析，因此采用 2016 版市场指数 0 进行分析，可得数据区间为 2008～2014 年。

现资源的优化配置，促进制造业整体全要素生产率的提高。

三、根据行业性质划分样本的分析

通过本章前文分析，我们发现，银行业规模扩张对于企业 TFP 增长的作用效果依赖于企业的技术前沿距离，越是远离技术前沿的企业，其 TFP 增长受其正向促进作用越大。进一步来看，由于不同行业的风险特性不同，与银行偏稳健的经营特性匹配程度不同，导致这种异质效应在不同特性的行业可能表现不同。按照投入要素密集程度，鲁桐和党印（2014）、李雪冬等（2018）将我国行业划分成劳动密集型、资本密集型和技术密集型三类。在不同行业中，技术创新的重要性依次提升。参照这种行业分类方法，并结合本章前文研究假说4，将样本中制造业行业区分为劳动密集型和非劳动密集型（即资本密集型和技术密集型）两类，并进一步分行业对模型进行回归分析①。回归结果见表4-9。

表4-9   行业异质性回归结果

变量	劳动密集型	资本和技术密集型
$Dist$	5.872 *** (3.19)	7.184 *** (10.64)
$Findevelop$	-0.065 (-0.48)	-0.028 (-0.52)
$Findevelop \times Dist$	-0.304 (-0.27)	1.198 *** (2.96)
城市特征变量	Yes	Yes
企业特征变量	Yes	Yes
企业固定效应	Yes	Yes
年份固定效应	Yes	Yes
行业固定效应	Yes	Yes
Adj. R^2	0.064	0.093
观测值	1445	10874

注：系数下括号内为均经过"城市—年份"层面聚类调整后的稳健 t 值；*、** 和 *** 分别表示 10%、5% 和 1% 的显著水平。

---

① 经过划分后，样本中资本和技术密集型行业具体包括造纸和纸制品业，印刷和记录媒介复制业，文教、工美、体育和娱乐用品制造业，石油加工、炼焦和核燃料加工业，化学原料和化学制品制造业，化学纤维制造业，橡胶和塑料制品业，非金属矿物制品业，黑色金属冶炼和压延加工业，有色金属冶炼和压延加工业，金属制品业，医药制造业，通用设备制造业，专用设备制造业，汽车制造业，铁路、船舶、航空航天和其他运输设备制造业，电气机械和器材制造业，计算机、通信和其他电子设备制造业，仪器仪表制造业，其他制造业。剩余行业则为劳动密集型行业。

表4-9中回归结果表明，在劳动密集型行业，银行发展和企业技术前沿差距的交乘项 *Findevelop* ×*Dist* 的估计系数并不显著，而在资本和技术密集型行业，该交互项的估计系数显著为正。这说明银行规模对处于不同技术前沿差距的企业的异质性影响，在不同类型的行业中表现存在差异。即这种异质性影响主要体现在资本和技术密集型行业，而并没有显著表现在劳动密集型行业。

第六节　本章小结

本章通过利用2003～2016年中国沪深A股制造业上市公司数据和城市层面银行业发展相关数据，构建企业层面技术前沿差距指标，进而基于企业前沿技术距离视角，考察银行业规模扩张在企业TFP增长中的作用效果及作用机制。研究发现，中国制造业存在后发企业向前沿企业追赶的"追赶型增长"。银行业规模扩张显著促进了这种"追赶型增长"：企业技术前沿差距越大，其生产率增长受银行业发展的促进作用越大；企业技术前沿差距越小，其生产率增长受银行业发展的促进作用越弱。进一步地，银行业规模扩张对企业技术追赶的异质性影响效应在国有企业、制度环境好的地区和非劳动密集型行业内表现更为显著。

根据本章的研究结论，主要政策建议有以下三点。

第一，就中国制造业行业整体来看，低效率企业向高效率企业学习追赶是提高整体全要素生产率的一个有效路径。

第二，银行业为代表的正规金融体系的发展在助推后发企业的技术追赶中发挥了重要作用，中国企业生产率存在巨大差距的背景下，银行体系仍然是提高企业全要素生产率、发展实体经济的重要支撑。但在中国整体科技实力逐渐接近世界前沿并向自主创新为主的创新驱动型经济发展方式转变之下，传统的银行主导型金融体系作用有限，而大力发展科创板等金融改革需要继续深入以探索有利于技术前沿企业的技术进步，进一步助力高质量发展。

第三，着力打造服务型政府，营造良好的市场环境，能够助力金融体系更好地服务实体经济。

第五章

中小商业银行发展与制造业企业生产率提升
——基于中国工业企业的证据

第四章节主要从银行业信贷规模整体扩张的角度分析其对企业生产率增长的影响效应，但随着我国中小企业逐渐为经济贡献重要力量，不同类型的银行尤其以服务中小企业为初衷的中小商业银行，在企业生产率提升路径中是否发挥了积极作用以及如何发挥积极作用，这也是我国银行业结构改革发展过程中亟待回答的重要问题。而事实上，我国针对中小商业银行市场准入的放松管制政策则为本书研究该问题提供了一个很好的契机。对此，本章利用中国工业企业数据和城市层面各商业银行分支机构数据，借助以中小商业银行为对象的银行放松管制政策，考察其带来的中小商业银行规模扩张对企业生产率提升的影响效果。本章各部分的结构安排如下：第一节介绍本章的研究背景并提出问题；第二节介绍我国关于中小商业银行发展的放松管制政策的相关制度背景；第三节提出相关研究假说；第四节是实证设计，介绍本章构建的实证模型、样本选择、数据来源以及变量定义；第五节展示相关实证结果及其分析；第六节介绍区分样本后的回归分析结果；第七节是本章的结论与启示。

第一节 引　言

近些年来，随着银行体系一系列的市场化改革，中国以国有大型商业银行为主体的银行业结构发生了深刻变化。从早期国有四大行主导的银行业垄断结构，到近些年来股份制商业银行、城市商业银行、农村商业银行等银行机构的成立与规模扩张，针对我国中小商业银行的银行管制和市场准入逐渐放开，银行业结构日益趋向竞争性。这一特征在全国和区域实践层面均有显著体现。一方面，从全国视角来看，以国有五大行占全部商业银行网点数量的比重衡量，我国商业银行的市场集中度呈现逐年下降趋势，由 1998 年的 59.90% 下降至 2018 年的 34.62%，约下降了 42.20%[①]。另一方面，从区域层面来看，不同省份甚至不同

---

① 资料来源：作者计算得到。

城市的银行业市场结构特征存在巨大差异。以股份制商业银行和城市商业银行为代表衡量中小商业银行，可以发现，1998 年其分支机构数量多于 100 家的城市在全国占比约 1.78%，而 2018 年其分支机构数量多于 100 家的城市在全国占比达 21.96%[①]。除去时间变迁因素，这些中小商业银行机构规模得以扩张的一个重要原因就是中央及地方政府政策的支持和引导。而政策制定者之所以鼓励这些中小型金融机构设立，主要也是希望其能更好地根扎当地，服务地方经济和中小企业发展。那么，这些中小金融机构的发展是否达到了为中小企业融通资金和促进地区经济增长的目的呢？

银行结构对企业融资和经济增长的影响一直是广受关注和争议的话题。目前研究银行结构对企业融资影响的文献，主要有三个角度：一是强调关系借贷的信息假说，认为更多的银行竞争弱化了银行与企业建立良好关系、获取企业信息的激励，进而导致企业融资可得性的降低（Petersen and Rajan，1995；Abubakr and Esposito，2012）；二是遵循产业组织理论中结构—行为—绩效的市场力量假说，强调银行业垄断会导致贷款供给不足和较高的贷款利率，而增强竞争则能够降低融资成本增加信贷可得性（Beck et al.，2004；Love and Martínez Pería，2015）。针对前两个竞争性观点，第三个角度则是从银行业结构与企业规模特征匹配角度入手，提出大银行更适合于给大企业提供贷款，而小银行在给小企业贷款方面具有优势（Jayaratne and Wolken，1999；Berger et al.，2005；Herrera and Minetti，2007；张一林等，2019）。研究银行结构对实体经济的服务效率，最终还需要落脚到其对企业创新、企业成长乃至经济增长的影响上。基于银行结构对企业融资的影响，部分研究进一步拓展并考察了银行结构如何影响企业技术创新和企业成长等重要议题，为完善银行支持政策，提升经济增长潜力提供了学术建议。

作为衡量高质量发展的核心指标之一，全要素生产率的提升离不开资金支持，其中银行结构尤其中小商业银行发展如何起作用，现有研究认识有限。已有文献多是基于企业融资约束视角或规模匹配视角对银行竞争的影响机制进行分析，极少从企业技术前沿差距视角来探讨。而事实上，鉴于银行稳健经营的本质，银行业竞争或中小商业银行发展对企业全要素生产率的影响效应更可能与企业自身技术状态有关。基于企业不同技术前沿差距视角，研究银行竞争加剧对企业全要素生产率的作用机制，对于进一步理解中国银行业市场改革过程中银行与企业的互动，评估相关政策实施效果，把握其作用渠道有着重要的学术价值和政策意义。

鉴于此，本章从企业技术前沿距离视角入手，考察我国中小商业银行的发展对企业生产率的影响及其作用机制。通过使用 1998~2011 年中国工业企业数据、

---

① 资料来源：作者计算得到。

商业银行分支机构数据和同时期美国制造业行业数据，我们区分了不同企业与世界技术前沿的差距，研究发现，以中小商业银行为对象的银行放松管制政策带来的中小商业银行规模扩张，对企业生产率提升的影响取决于企业的技术前沿距离。即当企业距离前沿较远时，中小商业银行发展能加快企业的技术追赶速度；当企业越来越接近技术前沿时，中小商业银行发展会对企业技术赶超带来抑制效应。经过内生性处理、变换样本区间和衡量指标等稳健性检验后，结论同样稳健。进一步的异质性分析发现，该影响效应在小规模企业、非国有企业以及制度环境较差地区表现更为显著。

相较于已有研究，本章可能在以下几个方面有所贡献。

第一，研究中小商业银行发展对企业生产效率的影响效果，不仅丰富了有关中国背景下中小商业银行放松管制实施效果的文献，且基于微观企业生产率的角度，可以考察政策对实体经济的最终作用效果，加深对于银行竞争助力企业效率提升的理解。

第二，从企业前沿技术差距这个新颖的视角，考察中小商业银行发展对企业效率提升的影响及作用路径，有助于从企业技术赶超与银行特性匹配的角度进一步理解银行竞争对实体经济效率提升的具体影响机制。

第三，如何有效识别中小商业银行发展和企业生产效率之间的定量关系是现有实证研究的一大难题。对此，本章的主要贡献在于使用固定效应加工具变量的方法削弱中小商业银行发展内生性问题对回归结果的干扰，更为严谨地分析银行放松管制带来的中小商业银行规模扩张对我国工业经济的影响后果。

第二节　中国银行业放松管制的制度背景

一、中国银行业放松管制的制度变迁历程

在我国，银行业发展面临着严格的管制，形成了以国有商业银行主导的垄断性银行结构。2003 年，中国银行业监督管理委员会（以下简称银监会）成立[①]，履行原由中国人民银行履行的审批、监督管理银行的职责，这项针对中国银行业监管体制改革的重大举措，标志着中国金融分业监管体制的形成。通过向各银行法人机构及其分支机构颁发金融许可证，银监会得以严格实施针对银行业市场准入的管制政策。在严格的管制政策下，就分支机构布局而言，国有大型商业银行

---

① 2018 年，中国新一轮金融监管体制改革将中国银行业监督管理委员会和中国保险监督管理委员会的职责整合，组建了中国银行保险监督管理委员会，以逐一补齐现行体制的监管短板，形成监管合力。中国银行业监督管理委员会不再存在。

几乎在全国各个城市都设有分支机构，以进行全国性布局；而非国有商业银行则面临着很高的市场进入壁垒[1]，其分支机构的设立在地域选择、新设数量、审批及营运资金等不同层面上均受到严格监管约束。例如，2009 年之前，以股份制商业银行为代表的非国有商业银行在一个城市一次只能申请设立 1 个支行[2]，且在跨区域设立异地分支机构方面受到了地域以及新设数量上限的严格监管限制[3]。表 5 - 1 列示了我国股份制商业银行在 2009 年之前所受到的分支机构市场准入限制及对应的监管政策文件。

表 5 - 1　　　　　　针对股份制商业银行的分支机构市场准入管制政策

银行类型	地域选择	新设数量标准	政策文件
股份制商业银行	（1）所选城市 GDP 达 100 亿元，各项存款余额达 300 亿元。 （2）对于中西部地区的省会城市及经济辐射功能较强的重要城市，适当放宽上述经济指标限制	（1）对于各项存款达 1000 亿元且 GDP 达 300 亿元的城市，一年之内最多新设 2 家分行。 （2）对于相关指标达不到上述规模的城市，一年之内只允许新设 1 家分行。 （3）各申请银行每年度分行准入数量一般控制在 3 家以内，对在西部设立分行的可适当放宽到 4 家	银发〔2001〕173 号、银发〔2002〕244 号

资料来源：作者根据政策手动整理。

　　面对银行业既有的高市场集中度，以放松中小商业银行市场准入为代表的银行管制政策成为中国金融体系改革的一个重要主线。自 2003 年银监会成立之后，分别于 2006 年和 2009 年两次出台和实施了以放松中小商业银行异地市场准入为主导的银行管制政策。这两次政策的核心内容均涉及对中小商业银行新设分支机构管制的放松，具体见表 5 - 2。2006 年，银监会发布的政策主要针对城市商业银行分支机构跨区域市场准入放松管制，2009 年，银监会发布的政策则是针对股份制商业银行和城市商业银行两类中小商业银行分支机构准入规制的放松管制政策。就政策实施力度而言，银监会明确提出 2006 年针对城市商业银行分支机构的市场准入政策只限于相关机构内部掌握，并不正式对外宣传。此项政策虽放松了城市商业银行跨区域发展的限制，但新设分支机构数量仍受到严格限制。而 2009 年发布的政策则是银监会明文发布且得到切实落实的（见本章下文具体分析），且该政策明确规定不再限制中小商业银行（省内）新设分支机构数量。

---

　　[1]　通常而言，国有商业银行是指工农中建交五大行，而非国有商业银行则包括股份制商业银行、城市商业银行、农村商业银行、外资银行和邮政储蓄银行等。

　　[2]　参见中国人民银行令〔2002〕第 3 号、中国银行业监督管理委员会 2006 年 2 号令。

　　[3]　跨区域设立异地分支机构的定义是指非国有商业银行在其总部注册地之外的城市设立分支机构。

表 5 – 2　　以放松中小商业银行分支机构市场准入为主导的银行管制政策

放松管制政策	核心改革措施	政策目标
《城市商业银行异地分支机构管理办法》银监发〔2006〕12 号	（1）允许城商行设立异地分支机构（包括省内设立和跨省设立）。 （2）引导城市商业银行联合、重组为前提，严格掌握标准审慎设立异地分支机构。 （3）在异地初次设立分支机构，只能设立分行，在新设分行正式营业一年后，可申请设立同城支行	（1）扶优逐劣。 （2）充分整合金融资源、化解金融风险，促进城市商业银行持续健康发展
《关于中小商业银行分支机构市场准入政策的调整意见（试行）》银监办发〔2009〕143 号	（1）针对省内分支机构设立，不再控制数量指标。 股份制银行：已在省会城市设有分行，在该城市所在省内的其他城市再申请设立下设分行和支行。 城商行：在法人住所所在省（自治区、直辖市）内设立分支机构。 股份制银行和城商行：在同城设立支行，不再控制数量指标 （2）跨省设立分行和支行，仍根据监管评级和优化布局等要求审批	更好地支持地方经济、中小企业和"三农"发展
《关于中小商业银行设立社区支行、小微支行有关事项的通知》银监办发〔2013〕277 号	（1）取消社区支行、小微支行单次申请数量限制。 （2）取消高管任职审批。 （3）筹建开业一次审核等方式实施简政放权	（1）贯彻落实十八届三中全会"发展普惠金融"精神。 （2）防范银行经营风险，去除监管套利，保障消费者合法权益

资料来源：作者根据政策手动整理。

　　特别地，2013 年银监会发布了《关于中小商业银行设立社区支行、小微支行有关事项的通知》，进一步放松了中小商业银行分支机构市场进入门槛。该通知明确说明取消中小商业银行的社区支行、小微支行单次申请数量限制，简化这两类分支机构的筹建及开业审核流程等，具体参见表 5 – 2。

二、银行业放松管制带来的银行业结构变化

　　伴随着银行业放松管制的往往是银行机构之间市场竞争程度的提高，进而可能导致银行业机构的变化。从事后看，我国中小商业银行分支机构放松管制政策的出台和实施，能够促进我国股份制商业银行以及城市商业银行分支机构数量，尤其是跨区域分支机构数显著增加，这会逐步打破多数地区原有的以国有五大银

行主导的垄断性银行业结构，提高我国银行业的市场竞争程度。为考察我国银行业放松管制政策是否真正影响了中小商业银行分支机构数量变化，本章绘制了1999～2018年中小商业银行（城市商业银行和股份制商业银行合计）新设分支机构变化情况图，如图5-1所示。由图5-1可以发现，以2009年为分界点，2009年之后时间段相对于之前的新设分支机构数量明显更多，且呈现持续增加趋势。而2006～2009年新设分支机构变化幅度相对不大。2009年开始中小商业银行新设分支机构数的显著增加与前文提到的2009年银行业放松管制政策出台时间高度一致，这为我们的推断提供了有力支持，即我国2009年实施的放松中小商业银行分支机构市场准入政策，得到了具体落实，促进了中小商业银行分支机构数量的显著增加。另外，2014年开始中小商业银行新设分支机构数量呈现猛增现象，这与前文提到的2013年放松管制政策时间点相一致。

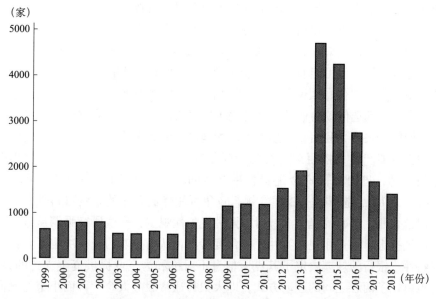

图 5 - 1　1999～2018 年中小商业银行新设分支机构数变化情况

资料来源：作者计算得到。

综合以上基本事实，本章将研究焦点集中在2009年针对中小商业银行的进入管制放松政策，后文中银行业放松管制政策均指的是此次政策。此外，要准确刻画中国政府所推进的银行业放松管制政策措施对银行体系和实体经济所造成的特定影响，必须准确捕捉当前银行体系受该政策影响所呈现出的关键特征。因此，对于此次放松管制政策的作用效果研究应限制在2014年另一政策实施之前，这样才能更为准确地检验当前中国银行放松管制政策是否取得了相应的具体成果，达到了政策预期目标。

第三节　研究假说

现有理论和实证研究表明，银行业内部竞争的强化对企业融资约束具有较为复杂的影响，由此也会对企业生产效率的变化产生复杂的作用效应。国内外大量研究表明，融资约束会显著阻碍企业生产率的增长（Gatti and Love，2008；Ayyagari et al.，2010；何光辉和杨咸月，2012；任曙明和吕镯，2014）。作为企业外部融资的重要来源，银行业发展抑或银行业结构均对企业融资约束具有直接影响。对此，已有研究主要围绕三个角度来探讨银行业竞争对企业融资约束的影响。一方面，遵循产业组织理论中结构—行为—绩效的"市场力量假说"，认为垄断性的银行结构会导致较高的贷款利率和有限的信贷供给，因而增强银行市场的竞争能够降低企业贷款利率，缓解企业融资约束，增加企业信贷可得性（Beck et al.，2004；Carbo-Valverde et al.，2009；Love and Martínez Pería，2015）。由此，银行竞争的强化可能有利于提高企业生产率（蔡卫星，2019）。另一方面，强调关系借贷的"信息假说"，认为垄断性的银行结构下，银行更有动机也有更多的契约工具筛选借款企业的信息并完善监督机制的建设，同时也更容易与企业形成长期银企关系，利用软信息渠道匹配地区内微观企业的融资需求，而银行竞争的加剧可能产生"搭便车"行为，弱化银行与企业建立良好关系、搜集企业信息的激励，进而降低资金配置效率（Petersen and Rajan，1995；Abubakr and Esposito，2012）。按照这一逻辑，银行竞争可能降低企业的融资可得性，进而不利于促进企业生产率的提高。针对前两种竞争性观点，一些研究强调从银行业内部不同规模银行与企业规模特性匹配角度考察，认为企业的规模决定了其信息和风险特性，银行的规模决定了其克服信息不对称和为企业提供资金支持的方式，由此也决定了两者之间的互动方式，即大银行通常服务大企业，而小银行倾向于服务小企业（张一林等，2019）。具体而言，大银行通常向国有企业或大企业提供资金，而不太愿意向信息不透明的公司（如小型企业和年轻公司）提供贷款。中小商业银行通常组织结构较为扁平，能够比大型银行更好地收集和采取软信息，倾向于服务特定且较小区域内的企业，容易与企业建立长期信贷关系，因而在向中小企业贷款方面可能具有比较优势（Jayaratne and Wolken，1999；Berger et al.，2005；Herrera and Minetti，2007）。

如前所述，我国银行放松管制改善了银行业的市场结构，扩大了中小商业银行市场规模，进而同样会对企业融资约束产生重要影响。根据以上论述，本书认为，我国中小商业银行的规模扩张对地区企业生产率提升的影响可能具有较复杂的作用效应。

　　事实上，上述研究主要基于企业资金需求层面展开对银行业竞争与企业全要素生产率关系的研究，但是企业自身所处的技术状态的差异可能会影响银行业竞争对企业生产率的影响效应。根据技术赶超理论，处于不同技术水平的企业通常会选择不同的技术进步方式。对于靠近技术前沿的企业来说，其可以学习和模仿的前沿技术极少，必须通过大量投入自主研发创新以提高其技术水平；而那些距离技术前沿较远的企业，学习和模仿现有技术的空间较大、成本较低且风险较小，因而更可能快速提高自身全要素生产率增长。

　　鉴于银行本身偏保守经营的特性，即便银行放松管制加大了中小商业银行的市场份额，但出于稳健经营目的，中小商业银行进入市场后更可能选择为远离技术前沿企业提供资金支持，提高那些具有低风险高进步空间的远离技术前沿企业的信贷可得性。基于这一逻辑框架，对于非技术前沿的企业来说，信贷可得性的增加意味着企业可以用于购买研发设备、改进现有技术、雇佣技术人员的资金增多，因此银行放松管制带来的中小商业银行分支机构数量的增加可能会提高非技术前沿企业向技术前沿企业靠拢的追赶速度。综合以上论述，提出本章的主要研究假说来验证不同企业技术前沿距离下，中小商业银行发展对企业生产率提升的影响机制。

　　研究假设：中小商业银行发展对企业生产率提升的影响是非线性的，其效应取决于企业的技术前沿距离，相对于靠近技术前沿的企业，更有助于提升远离技术前沿企业的技术追赶速度。

第四节　实证设计

一、实证模型和变量定义

（一）实证模型

　　本章参考阿根等（Aghion et al.，2009）、丁等（Ding et al.，2016）的技术赶超模型，构建关于我国中小商业银行发展如何影响企业效率提升的计量模型，设定如下：

$$GLP_{ijct} = \alpha_0 + \alpha_1 lnbranch_{ct} + \alpha_2 FDF_{ijct} + \alpha_3 lnbranch_{ct} \times FDF_{ijct} +$$
$$X_{ijct}\gamma + \eta_t + \mu_i + \mu_j + \varepsilon_{ijct} \tag{5-1}$$

式中，下标 i 表示企业，j 表示行业，c 表示城市，t 表示年份。被解释变量 GLP 表示企业劳动生产率的增长率，企业劳动生产率 LP 用实际工业销售产值与员工人数的比值衡量[1]。lnbranch 为衡量城市 c 在 t−1 时期的中小商业银行分支机构数，加 1 并取对数。FDF 表示企业技术前沿距离指标，具体参见变量定义部分。为考察不同技术前沿距离水平上中小商业银行规模扩张对企业效率提升的异质性影响，将 lnbranch 与 FDF 以交互项形式引入模型。X 为一系列控制变量向量，详见下文变量定义。μ_j 为个体固定效应，η_t 为时间固定效应，以控制潜在经济周期等宏观经济因素对企业效率提升的影响，μ_j 为行业固定效应，ε_{ijct} 为残差项。为减少内生性问题干扰，前沿技术差距指标及主要控制变量等指标均滞后一期。由于本章关注的核心变量是城市层面的中小商业银行规模扩张程度，因此本章后文回归中均聚类（cluster）在城市年份层面。

（二）变量定义

技术前沿距离的测度。本章借鉴阿根等（Aghion et al.，2009）、丁等（Ding et al.，2016），假设以美国对应制造业行业代表世界技术前沿，构建企业与世界技术前沿基准的距离来度量每一个企业的技术前沿距离 FDF。具体而言，企业与世界技术前沿差距指标通过公式（5−2）计算得到，公式如下：

$$FDF_{ijt} = LP_{jt}^{US}/LP_{ijt} \qquad (5-2)$$

式中，FDF_{ijt} 表示中国 c 城市 j 行业中 i 企业 t 年相对于世界技术前沿的距离，LP_{ijt} 代表中国 c 城市 j 行业中 i 企业 t 年的劳动生产率（实际工业销售产值/从业人数），LP_{jt}^{US} 代表美国 j 行业 t 年的劳动生产率[2]。

本章回归中还加入了一系列的控制变量。参考杨本建等（2016）、丁等（2016）等，选取的控制变量包括两大类。第一类为企业层面特征，具体包括：（1）公司规模（lnasset），用企业当年总资产的自然对数衡量。（2）企业年龄（lnage），用当年减去企业注册成立年份的差额，取自然对数。一方面，随着企业年龄的增加，成熟企业可能通过自身运营经验的积累而提高自身的生产效率，即所谓的干中学效应；另一方面，年轻的新企业所拥有的新资本、新技术所带来的优势可能使其生产效率更优于老企业（Jensen et al.，2001）。（3）固定资产比重（tangible），定义为企业固定资产与总资产的比值。（4）企业出口强度（export），用企业出口交货值与企业销售产值的比值表示。（5）资产负债率（Leve），用负债总额与资产总额的比值表示。（6）所有制类型（SOE），参考谢菲和宋（Hsieh and Song，2015）的办法，若企业满足以下任意一个条件，则为

---

① 用实际工业总产值与员工人数的比值衡量企业劳动生产率，结果同样稳健。由于中国工业企业数据库中 2008 年之后工业增加值数据缺失严重，无法估计出这些缺失年份的 TFP，因而使用劳动生产率指标衡量企业的生产效率。

② 美国数据来源于美国 NBER−CES 数据库。根据《国民经济行业分类》（GB/T 4754—2002）四位数行业分类标准，将 NBER−CES 数据库中四位数行业分类与中国制造业行业进行了一一配对。采用各年购买力平价指数对美国实际工业产出指标进行换算。购买力平价指数来自世界银行数据库。

国有企业，否则为非国有企业：其一，实收资本中国有资本比例超过 50% 则为国有企业；其二，企业控股股东为国家，则识别为国有企业。第二类为宏观区域层面特征，加入了各城市 GDP 对数（lngdp）和城市规模（ln$popu$）来控制经济发展阶段的影响。此外，本章回归中还控制了行业和年份固定效应。关于变量的详细说明，参见表 5-3。

表 5-3 　　　　　　　　　　　　　　　变量的定义

变量类型	变量名称	变量符号	变量定义
被解释变量	劳动生产率增长率	GLP	企业的劳动生产率增长率
解释变量	中小商业银行分支机构数	lnbranch	中小商业银行分支机构数（单位：个）+1，取对数
	技术前沿距离	FDF	企业与世界技术前沿距离
公司层面	公司规模	lnasset	年末总资产的对数
	固定资产比重	tangible	企业固定资产/总资产
	出口强度	export	企业出口交货值/企业销售产值
	企业年龄	lnage	公司成立年限取对数，成立年限 = 当年 – 注册成立年份
	资产负债率	Leve	年末总负债/年末总资产
	所有制性质	SOE	两种判别方法
区域层面	地区 GDP	lngdp	公司所在城市的 GDP（单位：亿元）的对数
	本地市场规模	lnpopu	公司所在城市的人口数（单位：万人）的对数

二、样本选择和描述性统计

（一）样本选择

本章回归估计中所用到的数据主要包括四个部分，一是关于城市层面的商业银行分支机构相关数据，来源于中国银保监会发布的全国商业银行分支机构的金融许可证信息；二是来自《中国城市统计年鉴》的城市特征数据；三是来自中国国家统计局维护的《全部国有及规模以上非国有工业企业数据库》中的微观企业层面数据；四是来源于美国国家经济研究局—美国人口普查局经济研究中心（NBER-CES）的制造业数据库。本章通过相应处理将各数据库合并从而获得研究所需的整体数据库。

微观企业层面数据。相较于上市公司数据的研究，中国工业企业数据库中包含了大量的非上市企业和中小企业，更有利于识别企业异质性信息。该数据库包含了所有国有企业以及规模以上的非国有企业，时间跨度为 1998～2013 年，是目前国内最为全面的微观企业层面的数据库①。其工业统计口径包括"国民经济行业分类"中的"采掘业""电力、燃气及水的生产和供应业"和"制造业"三个行业门类，其中制造业企业占比 90% 以上。由于本章主要关注制造业企业的技术追赶问题，因而选择制造业企业作为本章回归分析的主要样本。中国工业企业数据库存在样本匹配混乱、指标大小异常、指标缺失、测度误差明显和样本选择等诸多问题（聂辉华等，2012），本章主要参考伯兰特等（Brandt et al.，2012）和杨汝岱（2015）提出的方法，对中国工业企业数据库进行了数据整理。沿袭已有文献，本章按以下标准对数据进行了清理②。（1）剔除工业总产值、出口交货值、固定资产、总资产等重要财务指标缺失、为负值或为零值的样本；（2）剔除从业人数缺失和小于 8 人的样本；（3）剔除财务指标与一般公认会计准则不相符的样本。此外，将《国民经济行业分类》（GB/T 4754—2011）与《国民经济行业分类》（GB/T 4754—1994）的四位数行业分类分别对应到《国民经济行业分类》（GB/T 4754—2002），统一为 2002 年行业分类标准。另外，需要注意的是，工业企业数据库中 2010 年指标存在较多异常值，数据质量欠佳，故利用 2009 年和 2011 年工业企业相关数据指标取均值处理，以替代 2010 年的样本数据，从而尽可能最大限度获得有效的样本数据。

商业银行分支机构数据。城市层面的商业银行分支机构数据来源于中国银保监会发布的全国商业银行分支机构的金融许可证信息。通过查询金融许可证信息，可以得到各分支机构的机构编码、详细机构名称、机构所在地址、批准成立时间③、换发证日期④以及金融许可证状态等。我们按省份手工查询并下载了商业银行分支机构的金融许可证信息，据此统计各城市商业银行全部分支机构的数量以及该城市各家银行分支机构数量⑤。

城市层面数据。本章涉及的城市层面数据均来自各年《中国城市统计年

---

① 这里的"规模以上"指的是企业每年的主营业务收入（即销售额）在 500 万元及以上，2011 年该标准改为 2000 万元及以上。

② 中国工业企业数据库中存在企业不同年份申报的成立年份不一致、成立年份为两位数或三位数或大于所属年份等情况，本书均已做了相应的修正。

③ "批准成立日期"为监管部门批准该机构设立的日期，金融机构自此具有开展金融业务的一般资质。

④ "发证日期"是监管部门对金融机构颁（换）许可证的制证日期。根据银监会令〔2007〕8 号，发生以下情况时，金融机构应当向银监会或其派出机构申请换发金融许可：a. 机构更名；b. 营业地址（仅限于清算代码）变更；c. 许可证破损；d. 许可证遗失；e. 银监会或其派出机构认为其他需要更换许可证的情形。

⑤ 分支机构是指除总行之外的其他组织机构类别，如总行营业部、分行等。

鉴》。美国国家经济研究局—美国人口普查局经济研究中心（NBER-CES）制造业数据。本章前沿技术距离指标的构建需要使用美国对应行业层面数据，其主要来自 NBER-CES 制造业数据库。NBER-CES 数据库是美国国家经济研究局（NBER）和美国人口普查局经济研究中心（CES）共同维护的数据库，包含了美国 1958～2011 年 459 个四位数制造业行业的产出、劳动力、工资、资本存量以及各行业的特定价格指数等数据。本章将美国制造业行业分类数据与中国工业企业数据库中的行业分类数据进行了详细的手工匹配，最终得到了 448 个与美国行业相对应的四位数制造业行业数据。通过与其他三个数据库相关指标整合，本章回归使用的最终数据区间限定为 1998～2011 年。

（二）描述性统计

主要变量的描述性统计见表 5-4。由表 5-4 可以发现，在 1998～2011 年，我国工业企业的平均劳动生产率的增长率为 12.058%；工业企业与世界技术前沿距离的平均值为 6.817，最小值和最大值分别为 0.208 和 111.150，这一方面反映了样本期间我国工业企业存在着巨大的效率差距，另一方面则表明样本期间工业企业效率平均而言落后于世界技术前沿，但落后程度参差不齐，有些企业效率甚至高于世界技术前沿，说明部分企业效率已赶超世界前沿；固定资产占总资产比重的均值为 0.355，最小值和最大值分别为 0 和 1，样本期间各企业固定资产比重差异较大；企业出口交货值占企业销售产值的比重平均为 0.156；企业资产负债率的均值为 0.544，最小值和最大值分别为 0 和 1，说明样本期间工业企业资产负债率差异较大；工业企业平均成立年限为 10.153 年；此外，样本期间属于国有性质的企业的均值为 0.126。从城市层面变量来看，样本期间中小商业银行分支机构数的均值为 105.185 个，并且中小商业银行分支机构数最少有 0 个，最多有 718 个，不同城市不同年份差别很大；城市年末人口数最少有 14.080 万人，最多有 1770.600 万人，同样存在较大差异；城市地区生产总值最小值为 2.737 亿元，最大值为 18971.578 亿元，在城市—年份层面上存在较大的差异。

表 5-4　　　　　　　　　主要变量描述性统计

变量	观测值	均值	标准差	最小值	中位数	最大值
企业层面						
GLP	1714016	12.058	60.877	-217.294	9.865	256.366
FDF	2418914	6.817	11.895	0.208	3.572	111.150
lnasset	2418914	2.896	1.436	-0.323	2.728	7.673
tangible	2418914	0.355	0.221	0.000	0.326	1.000
export_xs	2418914	0.156	0.325	0.000	0.000	1.000

续表

变量	观测值	均值	标准差	最小值	中位数	最大值
Leve	2418914	0.544	0.258	0.000	0.567	1.000
Age	2418914	10.153	11.230	0.000	7.000	361.000
SOE	2418914	0.126	0.332	0.000	0.000	1.000
城市层面						
branch	2418914	105.185	133.060	0.000	50.000	718.000
popu	2418914	291.101	340.707	14.080	153.770	1770.600
gdp	2418914	1695.134	2759.488	2.737	530.075	18971.578

　　进一步以企业技术前沿距离的中位数为基准，区分不同企业技术前沿距离，以对主要变量特征进行描述性统计，结果见表5-5。由表5-5可以发现，样本期间内，就企业层面变量而言，相对于那些远离世界前沿的工业企业，靠近世界前沿的工业企业具有相对较慢的平均劳动生产率增长速度和更小的技术前沿差距。除此之外，相比远离世界技术前沿的工业企业，接近技术前沿的工业企业平均具有更大的资产规模、更低的固定资产比重、更低的资产负债率，同时，接近技术前沿的工业企业成立年限更短更年轻，且多偏向于非国有企业性质。就城市层面变量而言，样本期间接近世界前沿的企业所在城市的中小商业银行分支机构平均数量相对更多；所在城市的年末人口数相对更多、地区经济发展水平也相对更高。

表5-5　　　　　　主要变量描述性统计：按企业与世界前沿的距离分组

变量	接近世界前沿				远离世界前沿			
	观测值	均值	中位数	标准差	观测值	均值	中位数	标准差
公司层面								
GLP	864287	10.363	9.488	55.606	849729	13.782	10.272	65.763
FDF	1209460	1.946	1.836	1.062	1209454	11.689	6.936	15.310
lnasset	1209460	3.031	2.850	1.502	1209454	2.761	2.621	1.353
tangible	1209460	0.340	0.308	0.220	1209454	0.369	0.345	0.221
export_xs	1209460	0.156	0.000	0.321	1209454	0.156	0.000	0.328
Leve	1209460	0.531	0.551	0.256	1209454	0.557	0.584	0.260
Age	1209460	8.780	6.000	9.310	1209454	11.526	7.000	12.719
SOE	1209460	0.087	0.000	0.282	1209454	0.166	0.000	0.372
城市层面								

续表

变量	接近世界前沿				远离世界前沿			
	观测值	均值	中位数	标准差	观测值	均值	中位数	标准差
branch	1209460	115.839	58.000	140.322	1209454	94.531	41.000	124.471
popu	1209460	315.290	173.200	356.445	1209454	266.911	145.960	322.396
gdp	1209460	1881.159	633.647	2904.337	1209454	1509.109	449.614	2593.293

注：按 FDF 中位数分组。

第五节　实证分析

一、基准回归结果

本章的基准回归结果见表 5-6。表中列（1）、列（2）、列（3）分别表示的是逐步加入企业技术前沿距离指标、加入中小商业银行分支机构数指标、加入中小商业银行分支机构数与企业技术前沿距离的交乘项之后的结果。

表 5-6　　　　中小商业银行发展与企业效率提升：基准回归结果

变量	(1) *GLP*	(2) *GLP*	(3) *GLP*
FDF	3.219 *** (69.32)	3.219 *** (69.35)	2.833 *** (55.20)
ln*branch*		-0.284 (-0.59)	-1.376 *** (-2.78)
ln*branch* ×*FDF*			0.141 *** (7.30)
ln*asset*	-8.009 *** (-18.81)	-7.999 *** (-18.76)	-7.901 *** (-18.63)
Leve	7.340 *** (12.44)	7.335 *** (12.42)	7.272 *** (12.35)
tangible	10.761 *** (14.11)	10.765 *** (14.12)	10.754 *** (14.17)
Export	-0.225 (-0.45)	-0.219 (-0.44)	-0.171 (-0.34)

续表

变量	(1) GLP	(2) GLP	(3) GLP
SOE	-2.864 *** (-7.82)	-2.860 *** (-7.80)	-2.773 *** (-7.57)
lnage	-27.820 *** (-27.63)	-27.810 *** (-27.62)	-27.806 *** (-27.75)
lngdp	0.031 (0.04)	0.038 (0.05)	0.047 (0.06)
lnpopu	0.129 (0.11)	0.100 (0.08)	0.333 (0.28)
Cons	73.261 *** (8.13)	74.449 *** (8.01)	76.662 *** (8.23)
企业固定效应	Yes	Yes	Yes
年份固定效应	Yes	Yes	Yes
行业固定效应	Yes	Yes	Yes
Adj. R^2	0.129	0.129	0.130
观测值	1714016	1714016	1714016

注：系数下括号内为均经过"城市—年份"层面聚类调整后的稳健 t 值； * 、 ** 和 *** 分别表示在 10%、5% 和 1% 的水平上显著。

表5-6回归结果显示，在不同的模型设定下，企业技术前沿距离指标 FDF 的系数估计值均显著为正，这与杨本建等（2016）、丁等（Ding et al.，2016）估计结果一致。列（1）仅加入企业技术前沿距离指标 FDF 的估计结果显示，企业的世界前沿距离指标 FDF 的估计系数为3.219，在1%水平上显著为正。这说明，我国工业企业在样本期间存在显著的技术追赶特征，企业同世界前沿的效率差距越大，其进步空间越大，劳动生产率的增长速度就越快；企业同世界技术前沿差距越小，其劳动生产率增长速度就越慢。

在列（1）回归的基础上，我们进一步加入中小商业银行分支机构数指标 lnbranch，以检验中小商业银行的规模扩张是否对企业劳动生产率的增长具有直接影响，估计结果见列（2）。结果显示，中小商业银行分支机构数指标 lnbranch 的估计系数为 -0.284，统计上不显著为负，未发现中小商业银行规模扩张对企业劳动生产率增长具有显著的直接作用效果。紧接着，考虑中小商业银行发展对企业劳动生产率增长作用是否依赖于企业与世界前沿的不同距离。为此，在列（3）加入企业技术前沿距离与中小商业银行发展指标的交互项 lnbranch ×FDF。结果显示，中小商业银行发展指标 lnbranch 的估计系数为 -1.376，在1%统计水平上显著为负，而交互项的系数估计值为0.141，在1%水平上显著为正。从以上初步回归结果可以看出，我国银行放松管制所带来的中小商业银行分支机构数量的增加，对于制造业工业企业的效率提升具有非线性的影响效应，其作用效果依赖于企业与世界前沿的效率差距。企业距离世界技术前沿差距越大，中小商业银行的发展对企业劳动生产率增长的正向促进作用越大。然而，放任中小商业银行分支机构过度扩张可能并不利于工业企业，尤其是那些接近世界前沿的企业劳动生产率增长。换句话说，中小商业银行的发展更有助于那些距离世界前沿较远的工业企业的技术追赶。随着工业企业效率向世界前沿逐渐靠拢，中小商业银行规模的扩张则可能对企业效率提升带来显著的抑制效应。

就其他控制变量的系数估计结果而言，工业企业规模 lnasset 系数在 1% 统计水平上显著为负，表明工业企业规模越大，其劳动生产率的增长速度越慢；资产负债率 Leve 估计系数在 1% 水平上显著为正，这可能是因为企业能够通过举债经营，扩大生产规模，开拓市场，进而提升其劳动生产率增速；固定资产比重指标 tangible 在 1% 水平上显著为正，说明企业的固定资产越多，其劳动生产率增长速度越快；相对于国有企业，非国有企业的劳动生产率增长速度更快；相对于成立年限较长的老企业，年轻企业具有更高的劳动生产率增速。此外，企业出口产值占比、城市当地 GDP 和人口数量均未对企业劳动生产率增长产生显著的影响。

二、处理内生性问题：基于 IV‒2SLS 的方法

如何准确识别中小商业银行发展与企业技术进步之间的因果关系，是现有研究中的一大挑战。原因在于，中小商业银行发展规模与企业技术进步之间存在着潜在的逆向因果关系，一个地区企业的技术进步速度越快，越有可能会影响到该地区中小商业银行的市场进入与退出决策。与此同时，企业的技术进步与追赶可能会受到一些未观测到的特征的影响，如遗漏变量，从而导致估计得到的结果有偏误。对于遗漏变量问题，本章在回归中尽可能控制了一系列可能影响企业劳动生产率增长的地区和企业特征变量，同时还控制了企业固定效应、行业固定效应以及年份固定效应，从而剔除了企业层面不可观测因素（如企业经营文化、企业家精神等）、行业层面不可观测因素（如行业技术特性等）以及时间层面不可观测因素（如经济周期等）的影响。然而，理论上仍然可能存在无法有效控制的遗漏变量。以上任何两种情形的出现都可能导致 OLS 回归结果出现不一致性，因而本章尝试寻找中小商业银行发展的工具变量（IV），以缓解可能存在的内生性问题，减少估计偏误。

根据构建工具变量的核心思想和逻辑，我们需要找到一个与中小商业银行规模扩张有内在联系，同时又与企业劳动生产率增长没有直接联系的外生变量作为相应的工具变量。利用外生冲击构造工具变量是微观研究领域常用的做法，对此，2009 年中国政府出台的以放松中小商业银行异地市场准入为主导的银行放

松管制政策（银监办发〔2009〕143 号文），为本章工具变量的选取提供了有力的支持。事实上，这个政策主要涉及对城商行和股份制商业银行这两类中小商业银行分支机构准入政策的调整，在本章第二节关于政策的实施背景分析中，可以发现政策的实施导致不同地区中小商业银行分支机构数量发生显著变化。也就是说此次银行放松管制政策将影响企业所在城市的中小商业银行分支机构数量变化情况，但由于政策是政府出台并实施的，并非企业可以自主选择，因而这个政策冲击相对于企业而言具有很好的外生性，能够满足工具变量的要求。因此，本章选择以此次准实验性的外生冲击构造银行放松管制的工具变量，以缓解中小商业银行发展与企业劳动生产率增长之间可能存在的内生性问题。

　　本章通过两阶段最小二乘估计，同时识别银行业放松管制的外生冲击本身对当地中小商业银行分支机构数的影响，以及中小商业银行分支机构数的变化对企业生产效率增长的影响。第一阶段回归方程的设定如下：

$$lnbranch_{ct} = \beta_0 + \beta_1 Dereg_{ct} + \beta_2 FDF_{ijct} + X_{ijct}\lambda + \eta_t + \mu_i + \mu_j + \omega_{ijct} \quad (5-3)$$

　　式（5-3）中，$Dereg$ 表示中小商业银行分支机构数指标的工具变量，借鉴许伟和陈斌开（2016）和申广军等（2016）的识别策略，使用 2009 年银行业放松管制政策的虚拟变量（$Policy$）与政策实施前一年地区初始中小商业银行分支机构数指标（$branch08$）的交互项作为工具变量的衡量指标。如果年份为 2009年之后则 $Policy$ 为 1，反之则 $Policy$ 为 0。初始中小商业银行分支机构指标（$branch08$）表示政策实施前一年即 2008 年各城市的中小商业银行分支机构数，不受后续年份企业行为的影响，对其加 1 并取对数处理。这样构造工具变量的逻辑思想在于，初始中小商业银行分支机构数量越低的城市，放松管制对该城市中小商业银行进入的影响越大。因此，这样的构造满足工具变量的相关性条件，预期 β_1 为负值，即地区中小商业银行分支机构数量初始水平越低，银行业放松管制的政策效果越强，中小商业银行分支机构数量增加越多。另外，由于银行放松管制政策是政府出台并实施的，并非企业可以自主选择，因此这个政策冲击相对于企业而言是外生的。初始中小商业银行分支机构数相对于后期企业的劳动生产率增长具有一定的外生性。

　　表 5-7 是使用 2SLS 方法对工具变量进行回归估计的结果，其中 Panel A 是第二阶段回归结果，Panel B 是第一阶段回归结果。由于在工具变量法估计中加入企业固定效应将无法对残差在"城市—年份"层面上进行集聚处理，我们采用城市固定效应来代替企业固定效应①。根据本章工具变量的构造方法，工具变量的估计系数表示银行实施放松管制政策之后城市中小商业银行分支机构数量的

---

　　① 由于银行放松管制的变化主要在城市层面上，且企业层面的变量和城市层面的变量相关性较小，这种处理方式不会对结果产生太大影响。

增加幅度。政策实施之前所在城市中小商业银行分支机构数越低，政策效果越明显。第一阶段回归结果显示，工具变量 Dereg 的回归系数在 1% 水平上显著为负，即所在城市的初始中小商业银行分支机构数量越低，在放松管制政策实施之后，增加的中小商业银行分支机构数量越多。这与我们的预期一致。弱工具变量 F 检验的值为 14.480，大于 Cragg – Donald 统计量的临界值，因此不存在弱工具变量的问题。

表 5 – 7　　　　　　　　　　　基于 IV – 2SLS 方法的回归结果

Panel A：二阶段回归结果（因变量为 GLP）	
FDF	0.050 (0.25)
lnbranch	– 0.520 (– 0.08)
lnbranch ×FDF	0.213 *** (3.18)
Controls	Yes
城市/行业/年份固定效应	Yes
观测值	1714016
Panel B：第一阶段回归结果（因变量为 lnbranch）	
Dereg	– 0.121 *** (– 7.66)
First stage F-test of excluded instruments	14.480
Underidentification test（p-values）	0.000

注：系数下括号内为均经过"城市—年份"层面聚类调整后的稳健 t 值；*、**、*** 分别表示在 10%、5% 和 1% 的水平上显著。

接下来，我们分析第二阶段的估计结果。表 5 – 7 中中小商业银行分支机构数与企业技术前沿距离交互项 lnbranch ×FDF 的估计系数为 0.213，且在 1% 的统计水平上显著。与表 5 – 6 基准回归结果相比较，使用工具变量法后交互项估计系数明显增大，这说明潜在的内生性问题可能低估了中小商业银行发展对于远离技术前沿企业的效率提升的积极作用。以上结果表明，通过使用工具变量缓解内生性问题后，中小商业银行分支机构数与企业技术前沿距离交互项 lnbranch × FDF 的估计系数仍然显著为正，这进一步为本章前文研究假说提供了证据支持。

另外，需要指出的是，本章采用 2009 年中小商业银行异地市场准入政策的虚拟变量与各城市中小商业银行期初分支机构数量的乘积作为工具变量，一定程度上能够较好地缓解由于遗漏变量和反向因果所引致的内生性问题。然而可能仍会被质疑的是，存在政策冲击本身的内生性问题。特别是 2009 年 4 月银监会发布的放松管制政策，恰逢 2008 年全球金融危机发生之后、中国经济运行放缓的阶段，不能轻易排除政策实施时点和企业全要素生产率增速下滑有关的可能性。对此，本书认为，此次中小商业银行分支机构异地市场准入政策的出台，更多应当是基于对中国金融供给侧改革，尤其是银行业改革整体推进的考虑，并不太可能是由于受短时间内经济下行的影响所致。

三、稳健性检验

为了检验前文回归结果的稳健性，本章从不同方面进行了一系列稳健性检验，包括更换中小商业银行发展衡量指标、控制省份年份固定效应、控制行业年份交互固定效应、更换企业效率的测度方法、变换样本区间等。结果表明，本章的实证研究结论较为稳健。

（一）控制交互固定效应

本章中前文基准回归尽可能控制了影响企业劳动生产率增长的企业层面特征、城市层面特征以及行业固定效应、企业固定效应及年份固定效应，以减少可能存在的遗漏变量问题。我们进一步控制行业和城市层面逐年变化的不可观测因素对企业效率提升的影响。具体来说，为排除行业层面逐年变化的不可观测因素对企业劳动生产率增长的影响，如行业层面逐年变化的需求冲击，本章进一步控制了三位数行业层面与年份层面的交互固定效应。此外，我们还控制了城市固定效应与年份固定效应的交互项，以控制城市层面随时间变化的不可观测因素的影响。例如，企业所在城市逐年经济波动的影响。表 5 - 8 报告了加入这两组交互固定效应的逐步回归结果。列（1）加入了行业固定效应与年份固定效应的交互项，结果表明，中小商业银行发展规模与企业前沿技术距离交互项 $\ln branch \times FDF$ 的估计系数为 0.153，在 1% 水平上显著为正。列（2）加入了城市固定效应与年份固定效应的交互项，回归结果显示，中小商业银行发展规模与企业前沿技术距离交互项 $\ln branch \times FDF$ 的估计系数同样在 1% 水平显著为正。列（3）同时控制以上两组交互固定效应，控制最严格的这一列结果显示，回归结果同样仍稳健。

表 5 - 8　　　　　　　　　稳健性检验：控制交互固定效应

变量	（1） 控制行业与年份交互固定效应	（2） 控制城市与年份交互固定效应	（3） 同时控制两组交互固定效应
FDF	2.765 *** (55.65)	2.825 *** (59.01)	2.755 *** (57.61)
$\ln branch \times FDF$	0.153 *** (8.03)	0.125 *** (6.27)	0.139 *** (7.01)

续表

变量	(1) 控制行业与年份交互固定效应	(2) 控制城市与年份交互固定效应	(3) 同时控制两组交互固定效应
城市特征变量	Yes	Yes	Yes
企业特征变量	Yes	Yes	Yes
企业固定效应	Yes	Yes	Yes
年份固定效应	Yes	Yes	Yes
行业固定效应	Yes	Yes	Yes
Adj. R^2	0.117	0.109	0.107
观测值	1714016	1714016	1714016

注：系数下括号内为均经过"城市—年份"层面聚类调整后的稳健 t 值；＊、＊＊和＊＊＊分别表示在10%、5%和1%的水平上显著。

（二）更换中小商业银行发展的衡量指标

在基准回归中，本章采用各城市中小商业银行分支机构数的对数作为衡量中小商业银行发展规模的指标。我们进一步分别使用以下2个不同指标，即各城市每平方公里拥有的中小商业银行分支机构数（*nsoe_tdmj*）和中小商业银行分支机构占商业银行分支机构的比例（*density_nsoe*）作为衡量中小商业银行发展规模的解释变量，进行稳健性检验，结果见表5－9中列（1）和列（2）。各种不同替代指标与企业前沿技术差距的交互项估计系数均显著为正，和预期一致，说明本章的研究结论具有较强的稳健性。

除此之外，鉴于本章的研究背景基于我国银监办发〔2009〕143号文件所发布的银行放松管制政策，其明确表示政策对象所指的中小商业银行是股份制银行和城市商业银行这两类银行，在此基础上本章及后续相关的实证分析均与其相对应，因此，对于中小商业银行的界定也不失其合理性。但是，也不排除一种潜在质疑，即股份制商业银行的资金实力等方面远远优于城市商业银行等小银行，将其作为中小商业银行的代表未必合适。对此，仅保留城市商业银行作为中小商业银行的代表，重新考察其对我国制造业企业生产率的影响效应。回归结果见表5－9中列（3）。结果显示，本章研究结果仍比较稳健。

表5－9　　稳健性检验：更换中小商业银行分支机构数量的衡量指标

变量	(1) *GLP*	(2) *GLP*	(3) *GLP*
FDF	3.138 *** (60.96)	2.930 *** (61.45)	3.065 *** (53.94)

续表

变量	(1) GLP	(2) GLP	(3) GLP
nsoe_tdmj	-13.331 (-1.45)		
nsoe_tdmj ×FDF	2.290*** (2.63)		
density_nsoe		-15.698** (-2.10)	
density_nsoe ×FDF		2.573*** (6.58)	
lnbranch			-0.634* (-1.70)
lnbranch ×FDF			0.070*** (3.52)
城市特征变量	Yes	Yes	Yes
企业特征变量	Yes	Yes	Yes
企业固定效应	Yes	Yes	Yes
年份固定效应	Yes	Yes	Yes
行业固定效应	Yes	Yes	Yes
Adj. R^2	0.129	0.130	0.129
观测值	1714005	1714016	1714016

注：系数下括号内为均经过"城市—年份"层面聚类调整后的稳健 t 值；*、** 和 *** 分别表示在10%、5%和1%的水平上显著。

（三）更换企业劳动生产率的测度方法

本章中前文基准回归以工业销售产值为准计算得到工业企业劳动生产率指标，以衡量工业企业生产效率。鉴于工业销售产值与工业总产值两个指标之间具有很高的相关性，使用工业总产值指标重新测算企业劳动生产率，以重复基准回归进行稳健性检验[①]，具体回归结果见表 5 - 10 列（1）。回归结果表明，基于工业总产值指标重新回归后所得估计结果与基准回归结果极为接近。这再次验证了本章结论的稳健性。

---

① 中国工业企业数据库中，2011 年工业总产值的数据存在缺失，所以关于工业总产值的回归使用的数据区间实际上是 1998 ~ 2010 年。

表 5 - 10 其他稳健性检验

变量	（1） 更换劳动生产率测度	（2） 被解释变量更换 TFP 指标	（3） 变换样本区间
FDF	2. 423 *** （50. 21）	0. 424 *** （38. 40）	3. 050 *** （41. 37）
lnbranch	- 1. 482 *** （- 2. 89）	- 0. 045 （- 0. 46）	- 2. 018 *** （- 3. 33）
lnbranch ×FDF	0. 147 *** （7. 76）	0. 014 *** （3. 75）	0. 189 *** （6. 36）
城市特征变量	Yes	Yes	Yes
企业特征变量	Yes	Yes	Yes
企业固定效应	Yes	Yes	Yes
年份固定效应	Yes	Yes	Yes
行业固定效应	Yes	Yes	Yes
Adj. R^2	0. 110	0. 013	0. 128
观测值	1612624	1122216	1463385

注：系数下括号内为均经过"城市—年份"层面聚类调整后的稳健 t 值；* 、** 和 *** 分别表示在 10% 、5% 和 1% 的水平上显著。

（四）更换被解释变量企业效率的衡量指标，使用全要素生产率（TFP）

中国工业企业数据库中用于测算企业全要素生产率的相关指标，尤其是工业增加值等指标在 2008 年及其之后年份存在严重缺失，这意味着可计算得到的工业企业全要素生产率指标区间仅为 1998 ~ 2007 年，导致其无法应用于本章的基准回归分析。鉴于此，替代原被解释变量指标，即劳动生产率增长率，将可得的全要素生产率样本进行重新估计，作为稳健性检验。其中，全要素生产率的估计采用 LP 方法测算得到，具体投入、产出指标以及价格指数的计算均与杨汝岱（2015）保持一致。回归结果见表 5 - 10 列（2）。结果表明，被解释变量更换为企业 TFP 增长率后，中小商业银行分支机构数与企业前沿技术距离交互项 lnbranch ×FDF 的估计系数仍然在 1% 水平显著为正。

（五）排除 2002 年中国加入 WTO 等干扰性因素的影响

为避免我国加入 WTO 对实体经济生产效率产生的外部冲击，我们仅考虑中国加入 WTO 即 2002 年之后的样本重新回归。回归结果见表 5 - 10 列（3）。结果表明，变换样本区间后，中小商业银行发展规模与企业前沿技术距离交互项 lnbranch ×FDF 的估计系数仍然在 1% 水平显著为正。

第六节　进一步分析

一、企业规模异质性分析

根据以林毅夫为代表的新结构金融学理论，大型银行倾向于服务大企业、中小商业银行倾向于服务小企业（Lin et al.，2015；张一林等，2019）。由前文可知，本章基准回归考察的是中小商业银行规模扩张对企业技术追赶的影响效应，根据新结构金融学的"规模—匹配"理论，可以推断中小商业银行发展对于企业技术追赶的影响效应可能在小规模企业中表现更为显著，即中小商业银行发展对于小规模企业的技术追赶作用更大。

为了直观地反映上述推断，本章结合相关数据绘制了散点图，如图 5 - 2 和图 5 - 3 所示。图 5 - 2 中的纵轴为样本期间工业企业平均劳动生产率，横轴为样本期间工业企业平均规模（以工业企业平均总资产取对数衡量）。图 5 - 2 反映了工业企业规模与工业企业劳动生产率之间的显著相关关系，散点图的斜率实际上可以视为企业规模对企业劳动生产率的边际影响。图 5 - 2 表明，企业劳动生产率与企业规模之间存在显著的正相关关系，即企业规模越小，其劳动生产率越低。图 5 - 3 中的纵轴为样本期间工业企业平均技术前沿距离，横轴为样本期间工业企业平均规模。图 5 - 3 中散点图的斜率实际上可以视为工业企业规模对企业技术前沿距离的边际影响。图 5 - 3 表明，企业规模与企业技术前沿距离呈现负相关关系，即企业规模越小，则其前沿技术距离越大。

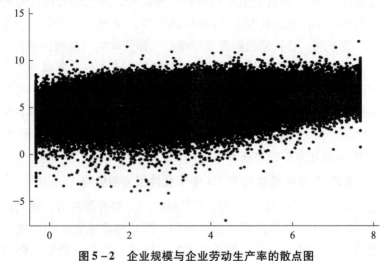

图 5 - 2　企业规模与企业劳动生产率的散点图

资料来源：作者自行绘制。

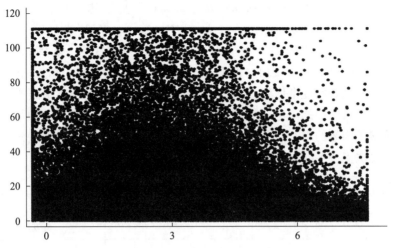

图 5 – 3 企业规模与企业前沿技术距离的散点图

资料来源：作者自行绘制。

为了更严谨地验证上述推断，本章在回归中加入中小商业银行分支机构数与企业技术前沿距离，以及按相关企业规模分组哑变量的交互项，考察中小商业银行规模扩张对不同规模企业技术追赶的作用效果差异。本章以样本期间工业企业总资产均值为基准排序并分组，具体来说，我们采用两种方法将工业企业按规模进行分组：一是将工业企业规模平均分为三组，并分别生成对应组别的哑变量，分别代表小规模企业（*small size*）、中型企业（*medium size*）以及大规模企业（*large size*）；二是根据五分位数将企业规模分组，并分别生成对应组别的哑变量（*size quintile* 1 – 5），*size quintile* 1 代表规模最小的企业，*size quintile* 5 代表规模最大的企业。

表 5 – 11 为区分工业企业规模的回归结果。我们在列（1）回归中以小规模企业作为基准，加入中小商业银行分支机构数与企业前沿技术距离以及另外两个分组虚拟变量的交互项。结果显示，中小商业银行分支机构数与企业前沿技术距离的交互项 lnbranch ×FDF 显著为正，其与中型企业和大规模企业虚拟变量的交互项 lnbranch ×FDF ×medium size 和 lnbranch ×FDF ×large size 的估计系数分别为 – 0.077 和 – 0.261，均在 1% 水平上显著为负，且随着工业企业规模的增大，估计系数绝对值逐渐增加，这与我们的预期相一致，即中小商业银行分支机构数量的增加对于工业企业技术追赶的积极作用随着企业规模的增加而减弱。

为进一步考察不同规模企业的技术追赶受中小商业银行规模扩张的影响差异，我们以工业企业规模低于 20%（即企业规模最小的 20%）作为基准，在回归中加入中小商业银行分支机构数量与企业前沿技术距离，以及其他四个分组虚拟变量的交叉项，估计结果见表 5 – 11 列（2）。中小商业银行分支机构数与企业

前沿技术距离的交互项 lnbranch ×FDF 显著为正，其与其他四个分组的交互项
lnbranch × FDF ×size quintile 2、lnbranch ×FDF ×size quintile 3、lnbranch ×FDF ×size
quintile 4、lnbranch ×FDF ×size quintile 5 的估计系数依次为 － 0. 005、－ 0. 065、
－ 0. 154 和 － 0. 299，均为负值，即随着工业企业规模的增加，估计系数的绝对值
逐渐增大，其显著性逐渐增强。这说明，规模最小的企业的技术追赶受中小商业
银行分支机构数增加的正向影响最大。也就是说，随着企业规模的增加，中小商
业银行分支机构数的增加对距离世界前沿较远的企业技术追赶的促进作用会逐渐
减弱。这再次支持了我们的猜想。

表 5 –11　　　　　　　　　　　　　　　区分企业规模

变量	(1) 三分法	(2) 五分位数
lnbranch ×FDF	0. 283 *** (10. 37)	0. 277 *** (9. 62)
lnbranch ×FDF ×medium size	－ 0. 077 *** (－ 3. 56)	
lnbranch ×FDF ×large size	－ 0. 261 *** (－ 11. 69)	
lnbranch ×FDF ×size quintile 2		－ 0. 005 (－ 0. 19)
lnbranch ×FDF ×size quintile 3		－ 0. 065 ** (－ 2. 39)
lnbranch ×FDF ×size quintile 4		－ 0. 154 *** (－ 5. 92)
lnbranch ×FDF ×size quintile 5		－ 0. 299 *** (－ 11. 15)
城市特征变量	Yes	Yes
企业特征变量	Yes	Yes
企业固定效应	Yes	Yes
年份固定效应	Yes	Yes
行业固定效应	Yes	Yes
Adj. R^2	0. 131	0. 131
观测值	1714016	1714016

　　注：系数下括号内为均经过"城市—年份"层面聚类调整后的稳健 t 值；＊ 、＊＊ 和 ＊＊＊ 分别表示在
10% 、5% 和 1% 的水平上显著。

二、企业所有制异质性分析

在中国多元化的企业所有制结构背景下，不同所有制类型的企业在生产率表现与信贷融资方面均存在显著差异。在生产率水平方面，多数研究表明国有企业生产率相对于其他类型企业往往更低（姚洋和章奇，2001），但也有部分研究发现，尽管国有企业效率相对较低，但却表现出显著的逐年追赶趋势（孔东民等，2014）。在信贷融资方面，已有研究表明国有银行通常向国有企业提供资金，而民营企业则常常面临着信贷歧视①。例如，伯兰特和李（Brandt and Li，2003）在对我国江浙地区民营企业与乡镇企业的贷款可得性进行研究后发现，民营企业在贷款规模、贷款条件等方面都受到一定程度的歧视，而且乡镇企业在私有化前后也受到了显著的区别对待。那么地区中小商业银行分支机构数量的增加对于不同类型所有制企业的技术追赶作用效果是否存在显著差异？有鉴于此，我们把样本按照企业所有制结构划分为国有企业和非国有企业两类分别回归，以考察中小商业银行分支机构数量的增长对企业劳动生产率增长的异质效应是否在不同产权结构的企业中有所不同，估计结果见表5-12。

表 5-12	区分企业所有制结构	
变量	（1） 国有企业	（2） 非国有企业
$Dist$	2.170 *** （36.24）	3.334 *** （43.47）
$lnbranch$	-0.085 （-0.16）	-1.959 *** （-3.46）
$lnbranch \times Dist$	0.017 （0.91）	0.234 *** （8.01）
企业固定效应	Yes	Yes
年份固定效应	Yes	Yes
行业固定效应	Yes	Yes
Adj. R^2	0.146	0.137
观测值	225252	1488764

注：系数下括号内为均经过"城市—年份"层面聚类调整后的稳健 t 值；*、** 和 *** 分别表示在10%、5%和1%的水平上显著。

表5-12的估计结果显示，控制了城市和企业特征变量以及年份、企业和行

① 外资企业通常可以通过与其母公司共享的内部资本市场获得信贷（Manova et al.，2015）。

业等固定效应后，在国有企业样本组中，中小商业银行分支机构数和企业技术前沿距离的交互项 lnbranch ×FDF 的估计系数为 0.017，统计水平上不显著为正；而在非国有企业样本组中，该交互项系数估计值为 0.234，且在 1% 水平上显著。该结果表明，中小商业银行分支机构数量的增加对企业技术追赶的积极作用主要体现在非国有企业，但并未发现其对国有企业技术追赶的积极作用效应。

三、制度环境异质性分析

同第三章一致，本章将样本按照企业所处地区制度环境中位数（以市场化指数中细分指标"政府与市场关系"衡量[①]），划分为制度环境较好和制度环境较差地区进一步回归分析。

表 5-13 回归结果显示，在制度环境较差的地区中，中小商业银行分支机构数和企业技术前沿距离的交互项 lnbranch ×FDF 估计系数为 0.085，在 1% 水平上显著为正；中小商业银行发展指标 lnbranch 的估计系数为 -1.798，在 1% 水平显著为负；而在制度环境较好地区中，交互项估计系数并不显著。这说明中小商业银行规模扩张对于距离世界前沿不同差距的企业的异质性影响，在不同的制度环境中存在显著差异。也就是说，在制度环境相对较差的地区，中小商业银行规模的扩张对远离世界前沿企业的劳动生产率增长的正向激励作用更显著。而在制度环境相对较好的地区，并没有发现这种显著效应。这个结果说明，中小商业银行分支机构规模的扩张在一定程度上弥补了地区制度环境较差的不足，进而提高了后发企业的技术追赶速度。

表 5-13	区分制度环境优劣	
变量	(1) 制度环境较好	(2) 制度环境较差
FDF	4.141 *** (22.18)	2.720 *** (54.37)
lnbranch	1.078 (1.36)	-1.798 *** (-2.70)
lnbranch ×FDF	0.084 (1.51)	0.085 *** (4.66)

---

① 受本章使用的样本区间所限，与第三章不同的是，本章使用的市场化指数相关数据来源于樊纲等（2009）编制的中国市场化指数系列报告，可得数据区间截至 2007 年。鉴于樊纲等（2016）编制的中国市场化指数的计算标准与 2009 版指数标准有所不同，不适宜将数据区间合并进行相关分析，因此使用完全线性回归法将相关指标数据区间扩充至 2011 年。

续表

变量	(1) 制度环境较好	(2) 制度环境较差
城市特征变量	Yes	Yes
企业特征变量	Yes	Yes
企业固定效应	Yes	Yes
年份固定效应	Yes	Yes
行业固定效应	Yes	Yes
Adj. R^2	0.101	0.145
观测值	870942	843074

注：系数下括号内为均经过"城市—年份"层面聚类调整后的稳健 t 值；*、** 和 *** 分别表示在 10%、5% 和 1% 的水平上显著。

第七节　本章小结

本章从企业与世界前沿技术差距的视角，探究中小商业银行规模扩张对制造业企业生产效率变化的影响和作用机制。具体来说，利用 2009 年针对中小商业银行的放松管制政策冲击，借助中国工业企业数据、各地级市银行业分支机构数据和美国各制造业行业生产效率数据，本章实证分析了我国银行放松管制带来的中小商业银行规模扩张对制造业企业生产绩效的影响及其影响机制。研究结果表明，总而言之，中小商业银行规模扩张对企业劳动生产率增长的作用效果具有非线性，依赖于企业与世界技术前沿的差距。企业距离技术前沿差距越大，中小商业银行发展对其技术进步的正向作用越显著，但随着企业逐渐接近世界前沿，其影响逐渐削弱甚至转为负向。这个结果在变换不同指标和模型设定下均十分稳健。此外，中小商业银行发展对企业技术进步的这种异质性影响大小还受到不同企业类别的影响。分企业规模类型的结果显示，企业规模越小，这种异质性影响越大。分企业所有制类型的结果显示，这种影响在非国有企业表现更为显著。最后，制度环境异质性分析表明，这种影响在企业所处制度环境较差的地区表现更显著。

本章的研究结论对于提升制造业企业生产效率和强化金融业服务实体经济功能具有一定的政策含义。

第一，中小商业银行发展对企业生产效率提升的正向促进作用存在技术差距门槛，对此应推动中小商业银行发展与异质性生产效率企业的有机结合与匹配，实现两者之间的良性互动局面。特别是应充分发挥以股份制商业银行和城市商业银行为主的中小商业银行对企业的积极作用，支持具有后发优势的制造业企业向世界前沿追赶，从而助力我国整体制造业技术水平的提升。而随着我国近年来总体研发投入逐渐接近世界第一梯队，与世界技术前沿的技术差距逐渐缩小，需要探索其他有效的金融支持方式，如金融市场发展等助力靠近世界前沿企业的效率提升，而不能依靠银行业内部结构的调整，尤其是中小商业银行规模的盲目扩张。

第二，鉴于在小规模企业和非国有企业中，中小商业银行发展对后发企业的技术追赶作用效应更显著，应提高中小商业银行有针对性的服务实体经济意识，积极引导中小商业银行提高对小规模企业、非国有企业中具有后发优势企业的资金支持力度，打通中小商业银行有效服务中小型民营企业的渠道。

第三，本章研究表明，随着制度环境的不断成熟，市场化制度削弱了中小商业银行发展对制造业企业技术进步的影响，而在制度环境较差的地区，这种影响效应又得以显著体现。中小商业银行发展的这种替代效应，一定程度上弥补了一些地区制度环境不够完善的不足，保证了这些地区具有后发优势的企业通过获得更多的中小商业银行支持来实现技术赶超。对此，应积极引导中小商业银行进入那些制度环境尚不完善的地区，实现金融支持政策与地区制度环境的有机协调，探索支持经济增长新路径。

第六章

中小商业银行发展与制造业企业效率提升
——基于上市公司的经验证据

本书第五章主要借助中国工业企业数据和美国国家经济研究局—美国人口普查局经济研究中心（NBER-CES）制造业数据，从我国工业企业与世界技术前沿距离的视角，分析中小商业银行规模扩张对企业劳动生产率增速的影响。在此基础上，本章主要聚焦我国同行业内企业异质性生产率特性，并进一步围绕中小商业银行发展如何影响企业生产率，尤其是全要素生产率的提升这一问题，着力提供基于我国上市公司研究的经验证据。本章各部分的结构安排如下：第一节介绍本章的研究背景；第二节介绍本章回归分析的样本选择、数据来源以及变量定义；第三节展示实证设计、相关实证结果及其分析；第四节介绍区分样本后的回归分析结果；第五节介绍本章相关小结与启示。

第一节 引　言

生产率异质性不仅存在于不同国家之间，也存在于一国同一行业内不同企业之间，且这种差异持续普遍存在（Griliches，1998；Klette and Kortum，2004；Syverson，2011）。众多研究表明，中国制造业企业之间同样普遍存在着巨大的生产率差距（Hsieh and Klenow，2009；聂辉华和贾瑞雪，2011；罗德明等，2012）。

对于非技术前沿的企业而言，技术追赶（生产率向技术前沿的收敛）已被公认为是企业生产率增长的重要来源。这是因为，相比于自主创新，较低的学习和模仿成本使得非技术前沿企业能够相对快速进步并赶上技术前沿（Barro and Sala-I-Martin，1997）。对此，已有研究表明，同行业内企业采用技术追赶战略的行为较为普遍（Bhide，2000；Moliterno and Beckman，2009；Kim and Tsai，2012；贺小刚等，2015）。例如，莫里特诺和贝克曼（Moliterno and Beckman，2009）研究表明，现实社会中企业管理层具有向上比较的动力，而很多的排行榜，如财富500强、福布斯500强、成长最快的100家企业等排名压力使得众多企业以追求同行业"第一"作为未来的经营目标。而这种赶超战略培育了很多的技术明星，如 IBM、微软、惠普等（Bhide，2000）。

鉴于此，不同于前一章基于企业与世界技术前沿差距的视角，本章聚焦我国同行业内部企业生产率的差异，考察中小商业银行的发展对企业生产率的影响及其作用机制。通过使用 2003～2013 年中国沪深 A 股上市公司数据和商业银行分支机构数据，我们区分了同行业内部不同企业的技术前沿差距，研究结论与前一章较为一致，即中小商业银行规模扩张对企业全要素生产率提升的影响取决于企业与同行业内技术前沿企业的距离。即当企业距离技术前沿较远时，中小商业银行发展能加快企业的技术追赶速度，而当企业越来越接近技术前沿时，中小商业银行发展会对企业技术赶超带来抑制效应。经过内生性处理、变换 TFP 测度方法和衡量指标等稳健性检验后，结论同样稳健。进一步的异质性分析发现，该影响效应在小规模企业、非国有企业以及制度环境较差地区表现更为显著。

相较于已有研究，本章可能在以下几个方面有所贡献。

第一，从研究视角上看，已有研究多基于企业融资约束视角考察银行业竞争对企业全要素生产率的影响，本章从企业前沿技术差距这个新颖的视角，考察中小商业银行发展对企业全要素生产率提升的影响及作用路径，有助于进一步理解银行竞争对实体经济效率提升的具体影响机制。

第二，从研究内容上看，本章率先基于我国上市公司数据来检验中小商业银行发展对企业全要素生产率提升的作用机制，相比于非上市企业，上市企业可能面临着更大的赶超压力（贺小刚等，2015），且上市公司数据可估算得到的企业全要素生产率覆盖区间更长，因此以上市公司数据进行相关检验，结论可能更具说服力。

第二节　数据与变量选择

一、数据

本部分回归估计中所用到的数据主要包括三个部分：一是来自中国万德（Wind）和国泰安数据库（CSMAR）中的上市公司层面数据；二是中国银保监会提供的中国商业银行分支机构数据；三是来自《中国城市统计年鉴》的城市层面数据。通过相应处理将各数据库合并从而获得研究所需的整体数据库。

（一）公司层面数据

对于公司层面数据，本章选择 2003～2013 年沪深 A 股制造业上市公司作为研究样本①。沿袭已有文献，且为保证样本使用的严谨性，本章按如下标准进行严格筛选。（1）由于上市公司行业划分标准在2012年前后存在较大调整，根据中国证监会发布的2001版和2012版"上市公司行业分类指引"，将2012年前后上市公司行业类别进行一一对比，统一为2012版行业分类标准。在此基础上，剔除所有非制造业行业样本。（2）剔除ST和PT公司及西藏地区数据，剔除资产负债率大于1、增加值和中间投入为负以及数据不完整的样本。经过处理最终获得的样本涉及28个制造业行业，包括8041个公司年度观测值。为消除异常值的影响，对相关连续变量在1%分位上进行Winsorize处理。所有上市公司财务数据来自万德（Wind）和国泰安（CSMAR）数据库。

（二）商业银行分支机构数据和城市层面数据

与前一章保持一致，城市层面的商业银行分支机构数据来源于中国银保监会发布的全国商业银行分支机构的金融许可证信息，涉及的城市层面数据来自各年《中国城市统计年鉴》。对应企业层面数据，各城市分支机构数据区间也限定为2003~2013年。

二、变量选择与定义

（一）企业TFP的测度

本章借鉴阿克伯格等（Ackerberg et al.，2015）提出的方法（简称ACF法）估计生产函数并测算企业生产率。阿克伯格等（Ackerberg et al.，2015）在奥利和帕克斯（Olley and Pakes，1996）提出的OP法与莱文森和彼得林（Levinsohn and Petrin，2003）提出的LP法的基础上，进一步完善了TFP测算方法。作为国内大多研究常用的TFP测算方法，OP法和LP法分别假设将投资或中间投入作为不可观测的生产率冲击的代理变量，以解决同时性偏差等问题。然而，阿克伯格等（Ackerberg et al.，2015）研究表明，除非对数据生成过程做出严格假设，否则OP法和LP法在估计过程中会产生不可识别等问题。对此，通过放松OP法和LP法的假设条件，如设定中间投入函数时考虑劳动投入，ACF法提高了估计结果的准确性。本章后续也利用莱文森和彼得林（Levinsohn and Petrin，2003）提出的LP法估计TFP以进行稳健性检验，估计得到的TFP的对数值结果与ACF方法之下得到的结果较为接近。

---

① 样本区间选取2003~2013年的原因如下。首先，测算上市公司TFP的相关指标可得数据的起始年为2003年。其次，本书第五章提到，要准确刻画中国政府所推进的银行业放松管制政策措施对银行体系和实体经济所造成的特定影响，必须准确捕捉当前银行体系受该政策影响所呈现出的关键特征。最后，本章与第五章保持一致，着重考察2009年中小商业银行进入管制放松政策背景下中小商业银行的发展对企业生产率的影响。因此，对于此次放松管制政策的作用效果研究应限制在2014年另一政策实施之前，这样才能更为科学准确地检验中国银行放松管制政策是否取得了相应的效果。

在测算 TFP 指标的选取上，借鉴任曙明和吕镯（2014）及贝利等（Beerli et al.，2018）等相关研究，采用计算得到的工业增加值衡量产出[1]，用企业员工人数衡量劳动力投入，用固定资产净额衡量资本投入，工业中间投入指标使用"工业产值＋应交增值税－工业增加值"计算得到。参考伯兰特等（Brandt et al.，2012）、杨本建等（2016）和贝利等（Beerli et al.，2018），在估计 TFP 时，各指标均取对数处理，同时采用各年各省份的工业生产者出厂价格指数、固定资产投资价格指数及工业生产者购进价格指数对各相应投入产出变量（员工人数除外）进行平减，基期为 2003 年。

（二）企业技术前沿距离的测度

参考杨本建等（2016），本章根据前文测算的企业 TFP，按照上市公司两位数制造业行业分类，将每一个行业中 TFP 最高的企业作为技术前沿企业，而企业的技术前沿距离指标则以其他非技术前沿企业 TFP 与技术前沿企业 TFP 的差值来衡量。为避免这种测度方法下极端值驱动结果的可能性，后文采用 TFP 前五企业的平均 TFP 作为技术前沿，同样以其他非技术前沿企业 TFP 与技术前沿企业 TFP 的差值来度量企业与技术前沿的距离，以对估计结果进行稳健性检验。

（三）控制变量

本章在回归中还加入了一系列的控制变量。参考杨本建等（2016）、赵健宇和陆正飞（2018）、钱雪松等（2018）等，选取的控制变量包括两大类。第一类为公司层面特征，包括公司规模、政府补贴、资产负债率、托宾 Q、固定资产比重、第一大股东持股比、年龄、产权性质和资产收益率（ROA）。第二类为宏观区域层面特征，加入了各城市 GDP 对数和当地市场规模来控制经济发展阶段的影响。此外，回归中还控制了行业、地区和年份固定效应。关于变量的详细说明，参见表 6-1。

表 6-1　　　　　　　　　　　　变量选择与定义

变量类型	变量名称	变量符号	变量定义
被解释变量	全要素生产率增长率	$gtfp$	企业的 TFP 增长率
解释变量	中小商业银行分支机构数	$lnbranch$	中小商业银行分支机构数（单位：个）+1，取对数
	企业技术前沿距离	$Dist$	企业 TFP 与最高生产率企业 TFP 差值

---

① 具体计算方法参见任曙明和吕镯（2014）。

续表

变量类型	变量名称	变量符号	变量定义
公司层面	公司规模	lnasset	年末总资产的对数
	政府补贴	lnsubsidy	政府补贴的对数
	托宾 Q 值	TobinQ	股票市值/（总资产 - 无形资产净额 - 商誉净额）
	上市年龄	Age	公司上市年限
	资产负债率	Leve	年末公司总负债/年末总资产
	总资产收益率	ROA	总资产/股东权益平均余额
	固定资产比例	Fixrate	固定资产原值/总资产
	第一大股东持股比	Large	第一大股东持股占比
	所有制性质	SOE	属于国有企业则赋值为 1，否则为 0
区域层面	地区 GDP	lngdp	公司所在城市的 GDP（单位：亿元）的对数
	本地市场规模	lnpopu	公司所在城市的人口数（单位：万人）的对数

（四）描述性统计

本部分主要变量的描述性统计见表 6 - 2。由表 6 - 2 可以发现，在 2003 ~ 2013 年，就企业层面变量而言，上市公司的平均 TFP 增长率为 2.495%，最小值为 - 22.088%，最大值为 29.883%，在样本期间存在较大差异；上市企业技术前沿距离的平均值为 0.622，最小值和最大值分别为 0 和 1.361，这反映了样本期间上市企业存在巨大的生产率差距；企业第一大股东持股占比均值为 0.374；企业总资产收益率均值为 0.043；固定资产占总资产比重的均值为 0.266；企业收到的政府补贴差异较大；企业相对市场价值的最小值和最大值分别为 0.416 和 4.862；企业资产负债率的均值为 0.432，说明样本期间上市公司普遍具有相对较高的负债率；企业平均上市年限为 7.011 年；在企业所有制方面，样本期间属于国有性质的企业的均值为 0.483。就城市层面而言，样本期间中小商业银行分支机构数的均值为 182.196 个，并且中小商业银行分支机构数最少有 0 个，最多有 834 个，不同城市不同年份差别很大；城市年末人口数最小为 16.370 万人，最多为 1787 万人，同样存在较大差异；最后城市地区生产总值最小值为 14.701 亿元，最大值为 21339.180 亿元，在城市—年份层面上存在较大的差异。

表6-2　　　　　　　　　　　主要变量描述性统计

变量	观测值	均值	标准差	最小值	中位数	最大值
公司层面						
lntfp	9721	8.281	0.270	7.566	8.221	8.947
$gtfp$	8041	2.495	7.736	-22.088	1.743	29.883
$Dist$	9721	0.622	0.288	0.000	0.681	1.361
ln$asset$	9721	21.515	1.071	19.517	21.363	24.915
$Fixrate$	9721	0.266	0.151	0.022	0.238	0.672
$Large$	9721	0.374	0.150	0.092	0.361	0.739
ROA	9721	0.043	0.049	-0.129	0.039	0.198
ln$subsidy$	9721	12.374	6.661	0.000	15.314	19.618
$TobinQ$	9721	1.777	1.209	0.416	1.442	4.862
$Leve$	9721	0.432	0.200	0.007	0.437	0.998
Age	9721	7.011	5.283	0.000	6.000	23.000
SOE	9721	0.483	0.500	0.000	0.000	1.000
城市层面						
$branch$	9721	182.196	196.104	0.000	105.000	834.000
$popu$	9721	369.569	396.008	16.370	222.500	1787.000
gdp	9721	3784.712	5089.308	14.701	1422.453	21339.180

　　进一步区分不同企业技术前沿距离，以对主要变量进行描述性统计，结果见表6-3。由表6-3可以发现，在2003~2013年，就企业层面变量而言，接近技术前沿的企业具有相对更高的平均 TFP 和更快的平均 TFP 增长速度；自然地，接近技术前沿的企业平均技术前沿距离更小；除此之外，相比远离技术前沿的企业，接近技术前沿的企业平均规模更大、平均固定资产比重相对更高、平均第一大股东持股比重更高、平均获得的政府补贴更多、平均的市场相对价值偏低、资产负债率相对更高、上市年龄相对更长且偏向于国有企业性质。就城市层面变量而言，接近技术前沿企业所在城市的中小商业银行分支机构平均数量相对更多；同样其所在城市的年末人口数相对更多、地区经济发展水平相对更高。

表6-3　　　　　　　主要变量描述性统计：按前沿技术距离分组

变量	接近技术前沿				远离技术前沿			
	观测值	均值	中位数	标准差	观测值	均值	中位数	标准差
公司层面								
lntfp	4863	8.478	8.430	0.235	4858	8.083	8.089	0.111
$gtfp$	4215	3.771	2.714	8.689	3826	1.089	1.037	6.233

续表

变量	接近技术前沿				远离技术前沿			
	观测值	均值	中位数	标准差	观测值	均值	中位数	标准差
Dist	4863	0.393	0.441	0.219	4858	0.852	0.844	0.113
lnasset	4863	22.126	22.026	1.076	4858	20.903	20.891	0.622
Fixrate	4863	0.300	0.280	0.165	4858	0.231	0.213	0.125
Large	4863	0.389	0.382	0.155	4858	0.360	0.341	0.144
ROA	4863	0.043	0.037	0.048	4858	0.043	0.042	0.049
lnsubsidy	4863	12.846	15.844	6.842	4858	11.901	14.946	6.441
TobinQ	4863	1.424	1.087	1.073	4858	2.131	1.825	1.234
Leve	4863	0.497	0.512	0.181	4858	0.366	0.353	0.198
Age	4863	8.431	8.000	5.170	4858	5.589	4.000	5.006
SOE	4863	0.574	1.000	0.495	4858	0.391	0.000	0.488
城市层面								
branch	4863	183.758	103.000	200.575	4858	180.632	108.000	191.531
popu	4863	385.464	224.600	415.434	4858	353.658	220.120	374.926
gdp	4863	3791.754	1424.512	5120.659	4858	3777.663	1412.670	5058.248

注：以 *Dist* 中位数为基准划分前沿技术距离。

第三节　实证设计与分析

一、实证模型

参考杨本建等（2016）、丁等（Ding et al.，2016）的技术赶超模型，构建关于我国中小商业银行发展如何影响企业效率提升的计量模型，设定如下：

$$gtfp_{ijct} = \alpha_0 + \alpha_1 lnbranch_{ct} + \alpha_2 Dist_{ijct} + \alpha_3 lnbranch_{ct} \times Dist_{ijct}$$
$$+ X_{ijct}\gamma + \eta_t + \mu_i + \mu_j + \varepsilon_{ijct} \tag{6-1}$$

式中，*gtfp* 表示企业全要素生产率的增长率，下标 *i* 表示企业，*j* 表示行业，*c* 表示城市，*t* 表示年份。lnbranch 为衡量城市 *c* 在 *t* 时期的中小商业银行分支机构数，加 1 并取对数；*Dist* 表示企业的技术前沿距离，具体指标界定见本章上文变量定义部分。为考察不同技术前沿距离水平上中小商业银行规模扩张对企业效率提升的异质性影响，将 lnbranch 与 *Dist* 以交互项形式引入模型。*X* 为一系列控制变量向量，详见下文变量定义。μ_i 为个体固定效应，η_t 为时间固定效应，以控制潜在经济周期等宏观经济因素对企业效率提升的影响，μ_j 为行业固定效应，ε_{ijct} 为残差项。本章关注的是中小商业银行发展对企业全要素生产率提升的主要影响，以及在不同技术前沿距离上这种影响对企业效率提升的异质性。为减少内生性问题干扰，前沿技术差距指标及主要控制变量等指标均滞后一期，后文回归中均聚类（clustering）在城市—年份层面。

二、基准回归结果

表 6 - 4 列示的是采用 OLS 方法估计得到的基准回归结果。表中列（1）、列（2）、列（3）分别表示的是逐步加入企业技术前沿距离指标、加入中小商业银行分支机构数指标、中小商业银行分支机构数与企业技术前沿距离的交乘项之后的结果。

表 6 - 4　　　　　　　中小商业银行发展与企业 TFP 增长：基准结果

变量	(1) gtfp	(2) gtfp	(3) gtfp
Dist	26.086 *** (1.408)	26.093 *** (1.407)	16.785 *** (2.592)
lnbranch		-0.459 ** (0.218)	-1.789 *** (0.390)
lnbranch ×Dist			2.300 *** (0.538)
lnasset	2.445 *** (0.445)	2.438 *** (0.444)	2.502 *** (0.445)
Leve	5.816 *** (1.265)	5.863 *** (1.264)	5.958 *** (1.257)
Fixrate	-12.130 *** (1.665)	-12.149 *** (1.663)	-12.172 *** (1.656)
TobinQ	0.512 *** (0.172)	0.520 *** (0.172)	0.522 *** (0.170)
ROA	7.032 * (3.718)	6.961 * (3.720)	6.678 * (3.688)
Large	-2.915 (1.984)	-3.004 (1.977)	-3.410 * (1.949)

续表

变量	(1) gtfp	(2) gtfp	(3) gtfp
ln*subsidy*	0.010 (0.030)	0.012 (0.030)	0.014 (0.030)
SOE	1.046 (0.715)	1.024 (0.716)	1.000 (0.708)
Age	0.158 (0.102)	0.205* (0.105)	0.195* (0.105)
ln*gdp*	0.019 (0.317)	0.015 (0.320)	0.041 (0.319)
ln*popu*	0.590 (1.031)	0.768 (1.019)	0.723 (1.015)
Cons	−61.538*** (12.956)	−60.792*** (12.909)	−56.951*** (12.968)
企业固定效应	Yes	Yes	Yes
年份固定效应	Yes	Yes	Yes
行业固定效应	Yes	Yes	Yes
Adj. R^2	0.208	0.209	0.214
观测值	8041	8041	8041

注：系数下括号内为估计系数的聚类稳健标准误，均经过“城市—年份”层面的 clustering 调整；＊、＊＊和＊＊＊分别表示在10%、5%和1%的水平上显著。

表6-4回归结果显示，在不同的模型设定下，企业技术前沿距离 Dist 的系数估计值均显著为正，与杨本建等（2016）、丁等（Ding et al.，2016）以及本书前一章使用工业企业数据库数据估计得到的结果一致。列（1）仅考察技术前沿距离对企业 TFP 增长影响的回归结果显示，企业技术前沿距离 Dist 的估计系数为 26.086，在1%水平上显著为正。这说明，企业技术前沿差距与其 TFP 增长具有显著的正相关关系，企业技术前沿差距越大，其进步空间越大，生产率的增长越快；企业技术前沿差距越小，其生产率增长越慢。这个结果表明，上市公司同样存在后发企业技术追赶特征。

在列（1）回归的基础上，我们进一步加入中小商业银行分支机构数指标，以检验中小商业银行分支机构数的增加是否对企业 TFP 增长具有直接作用效果，估计结果见列（2）。结果显示，中小商业银行分支机构数指标的估计系数为 −0.459，在5%水平上显著为负。这与近期部分研究，如蔡卫星（2019）等研究结论不一致甚至相反。使用中国工业企业数据，并以前五大银行市场份额衡量银行业市场结构，蔡卫星（2019）研究表明银行业竞争程度的增加有利于提高企业 TFP。紧接着，我们考虑这一作用是否存在显著的异质性。在列（3）加入企业技术前沿距离与中小商业银行分支机构数交互项 lnbranch ×Dist，以验证中小商业银行发展对企业 TFP 增长的作用效果是否依赖于企业的技术前沿差距。结果显示，中小商业银行分支机构数指标的估计系数在 1% 水平上显著为负，而交互项的系数估计值则在 1% 水平上显著为正。这意味着中小商业银行分支机构的增加对企业 TFP 增长的影响是非线性的，其作用取决于企业自身的技术前沿差距。企业前沿技术差距越大，中小商业银行的发展对企业 TFP 增长的正向促进作用越大。然而，过多设立中小商业银行分支机构可能并不利于靠近技术前沿企业的 TFP 增长。以上回归结果同本书前一章使用中国工业企业数据和世界技术前沿的设定之下的估计结果相一致，即中小商业银行的发展更有利于远离技术前沿企业的 TFP 增长（技术追赶）。综合以上分析表明，中小商业银行分支机构数量的扩张可能对企业 TFP 增长具有直接的负向作用，但由于企业技术状态的强异质性存在，通过谨慎地选择资金支持对象可以减弱这一负向影响，同时促进远离技术前沿企业的技术追赶，优化中小商业银行对实体经济的资金支持效率。

此外，控制变量的回归系数均比较符合预期。企业规模 lnasset 越大，其生产率增长越快；资产负债率 Leve 系数显著为正，这可能是因为企业能够通过举债经营，扩大生产规模，开拓市场，进而提升 TFP 增速；固定资产比例 Fixrate 越大，企业 TFP 增速越慢，这是由于过大的固定资产比例会挤占企业运营资金，降低资金流动性，同时也导致高折旧与高成本，影响企业运营，因此较低的固定资产比例更有利于企业 TFP 增长；企业成长机会 TobinQ 越多，企业 TFP 增长的可能性越大；盈利能力 ROA 越强，说明企业资产利用能力越好，越有利于促进其 TFP 增长；第一大股东持股比例 Large 的系数在 10% 水平上显著为负，说明企业股权越集中，越不利于企业 TFP 增长；越是成熟企业，其生产率增速越快；企业所有制性质、研发补贴水平、当地 GDP 和人口数量均未对企业生产率增长产生显著影响。

三、工具变量分析

同前一部分保持一致，本章也选择以 2009 年中国政府出台的以放松中小商业银行异地市场准入为主导的银行放松管制政策的外生冲击构造工具变量，以缓解可能存在的内生性问题。通过两阶段最小二乘估计，同时识别银行业放松管制的外生冲击本身对当地中小商业银行分支机构数的影响以及中小商业银行分支机构数的变化对企业 TFP 增长的影响。

表 6−5 为工具变量回归结果，其中 Panel A 是第二阶段回归结果，Panel B

是第一阶段回归结果。由于在工具变量法估计中加入企业固定效应将无法对残差在"城市—年份"层面上进行集聚处理，我们采用城市固定效应来代替企业固定效应。根据本书工具变量的构造方法，工具变量的估计系数表示银行实施放松管制政策之后城市中小商业银行分支机构数量的增加幅度。政策实施之前所在城市中小商业银行分支机构数越低，政策效果越明显。第一阶段回归结果显示，工具变量 $Dereg$ 的回归系数在 1% 水平上显著为负，即所在城市的初始中小商业银行分支机构数量越低，在放松管制政策实施之后，增加的中小商业银行分支机构数量越多。这与我们的预期一致。弱工具变量 F 检验的值为 101.231，大于 Cragg-Donald 统计量的临界值，因此不存在弱工具变量的问题。

表 6-5   工具变量回归结果

Panel A：二阶段回归结果（因变量为 $gtfp$）	
$Dist$	-0.011
	(3.570)
lnbranch	-1.372*
	(0.731)
lnbranch ×$Dist$	2.523***
	(0.777)
Controls	Yes
城市/行业/年份固定效应	Yes
观测值	8041
Panel B：第一阶段回归结果（因变量为 lnbranch）	
$Dereg$	-0.187***
	(0.012)
First stage F-test of excluded instruments	101.231
Underidentification test（p-values）	0.000

注：系数下括号内为估计系数的聚类稳健标准误，均经过"城市—年份"层面的 clustering 调整；*、** 和 *** 分别表示在 10%、5% 和 1% 的水平上显著。

接下来，我们分析第二阶段的估计结果。表 6-5 中中小商业银行分支机构数与企业技术前沿距离的交互项 lnbranch ×$Dist$ 估计系数为 2.523，且在 1% 的水平上显著。与基准回归结果相比较，交互项估计系数增大，这说明潜在的内生性问题倾向于低估中小商业银行分支机构数对于远离技术前沿企业 TFP 增长的积极作用。以上结果表明，通过使用工具变量缓解内生性问题后，中小商业银行分支机构数与企业技术前沿距离的交互项 lnbranch ×$Dist$ 估计系数仍然显著为正，进一步为前文基准结论提供了证据支持。

四、稳健性检验

为了检验前文回归结果的稳健性，本章从不同方面进行了一系列稳健性检验，包括更换企业 TFP 的测度方法、更换企业效率的测度方法、更换企业技术前沿距离衡量指标、更换中小商业银行分支机构数量衡量指标、控制城市年份交互固定效应、控制行业年份交互固定效应等。结果表明，本章研究结论较为稳健。

（一）更换企业 TFP 的测量方法

更换企业生产率的测量方法可以进一步检验基准回归结果的稳健性。莱文森和彼得林（Levinsohn and Petrin，2003）提出的 LP 方法是另一种常用的估计企业全要素生产率的方法（杨汝岱，2015）。LP 方法使用企业的中间投入品作为不可观测的生产率冲击的代理变量，由于中间投入的调整成本较小且企业都有中间投入支出，因此 LP 方法能够较好地反映生产率的变化。基于此，本章采用 LP 法测度企业的 TFP，并进一步计算企业的 TFP 增长率和技术前沿差距，以进行稳健性分析。回归结果见表 6 - 6 中列（1）。结果表明，中小商业银行分支机构数量和企业技术前沿差距的交乘项的估计系数仍显著为正，这说明即便更换一种企业生产率测度方法，中小商业银行分支机构数量的增加仍然能够显著促进后发企业的技术赶超。

表 6 - 6　　　　　　　　　　　　　稳健性检验

变量	（1） 更换 TFP 测度方法	（2） 更换技术前沿距离指标	（3） 更换企业效率测度方法
Dist	0.886 (1.868)	13.550 *** (2.595)	19.042 *** (3.250)
ln*branch*	-2.067 *** (0.503)	-1.043 *** (0.305)	-4.777 *** (1.585)
ln*branch* ×*Dist*	1.314 *** (0.365)	1.606 *** (0.526)	2.151 *** (0.671)
城市特征变量	Yes	Yes	Yes
企业特征变量	Yes	Yes	Yes
企业固定效应	Yes	Yes	Yes
年份固定效应	Yes	Yes	Yes
行业固定效应	Yes	Yes	Yes
Adj. R^2	0.288	0.173	0.183
观测值	8041	7951	8286

注：系数下括号内为估计系数的聚类稳健标准误，均经过"城市—年份"层面的 clustering 调整；*、** 和 *** 分别表示在 10%、5% 和 1% 的水平上显著。

（二）更换企业技术前沿距离指标

接下来，将同行业 TFP 前五企业作为基准技术前沿进行稳健性检验，以消除极端值驱动回归结果的顾虑。本章前文按照两位数制造业行业分类，将同行业 TFP 最高企业作为技术前沿基准衡量企业的技术前沿差距，这可能会受到极端值驱动估计结果的质疑。为此，参考杨本建等（2016）等的做法，将同年同行业中 TFP 前五的企业作为技术前沿，以技术前沿企业 TFP 均值与其他非技术前沿企业 TFP 的差额来重新度量企业技术前沿差距，回归结果见表6-6中列（2）。表6-6回归结果显示，列（2）中小商业银行分支机构数量与企业技术前沿差距交互项的估计系数显著为正，说明变换企业技术前沿差距测算方法，同样可以发现银行放松管制对后发企业向技术前沿企业的技术追赶具有显著积极作用。

（三）更换企业效率的测度方法

为消除使用上市公司数据测算企业 TFP 可能存在的偏差，本部分使用劳动生产率（LP）重新衡量企业生产效率和企业技术前沿距离，其中劳动生产率用实际工业增加值与员工总数的比值计算得到，继而采用本章前文思路计算企业劳动生产率增长率（GLP）与前沿技术距离，重复基准回归。表6-6中列（3）回归结果发现，基于劳动生产率指标重新回归后，企业技术前沿距离与中小商业银行分支机构数量的交互项系数仍显著为正。这再次验证了本章结论的稳健性。

（四）控制交互固定效应

本章的前文基准回归尽可能控制了影响企业生产率增长的企业层面特征、城市层面特征以及行业固定效应、企业固定效应及年份固定效应，以减少可能存在的遗漏变量问题。我们进一步控制行业和城市层面逐年变化的不可观测因素对企业 TFP 的影响。具体来说，首先为排除行业层面逐年变化的不可观测因素对企业 TFP 增长的影响，如行业层面逐年变化的各种原材料、中间投入等需求冲击对企业 TFP 增长的影响，我们进一步控制了两位数行业层面与年份层面的交互固定效应。此外，我们还控制了城市固定效应与年份固定效应的交互项，以控制城市层面随时间变化的不可观测因素对企业 TFP 增长的影响，例如，企业所在城市逐年经济波动的影响。表6-7报告了加入这两组交互固定效应的逐步回归结果。列（1）控制了行业固定效应与年份固定效应的交互项，结果表明，中小商业银行分支机构数与企业前沿技术距离交互项的估计系数在 1% 水平上显著为正；列（2）控制了城市固定效应与年份固定效应的交互项，回归结果同样仍显著；列（3）同时控制以上两组交互固定效应，控制最严格的这一列结果显示，回归结果同样稳健。

表 6 - 7 稳健性检验

变量	（1）控制行业与年份交互固定效应	（2）控制城市与年份交互固定效应	（3）同时控制两组交互固定效应
Dist	28. 769 *** (2. 715)	12. 432 *** (2. 669)	19. 101 *** (2. 639)
ln*branch* ×*Dist*	1. 614 *** (0. 489)	2. 798 *** (0. 585)	2. 392 *** (0. 541)
城市特征变量	Yes	Yes	Yes
企业特征变量	Yes	Yes	Yes
企业固定效应	Yes	Yes	Yes
年份固定效应	Yes	Yes	Yes
行业固定效应	Yes	Yes	Yes
Adj. R^2	0. 209	0. 167	0. 185
观测值	8041	8041	8041

注：系数下括号内为估计系数的聚类稳健标准误，均经过"城市—年份"层面的 clustering 调整；＊、＊＊ 和 ＊＊＊ 分别表示在 10% 、5% 和 1% 的水平上显著。

（五）更换中小商业银行分支机构数量的衡量指标

在基准回归中，我们采用各城市中小商业银行分支机构数的对数作为衡量中小商业银行密度的指标。我们进一步使用以下两个不同指标作为衡量中小商业银行发展规模的解释变量，即各城市每平方公里拥有的中小商业银行分支机构数（*nsoe_tdmj*）和中小商业银行分支机构占商业银行分支机构的比例（*density_nsoe*），进行稳健性检验，结果见表 6 - 8 中列（1）和列（2）。各种不同替代指标与企业前沿技术差距的交互项估计系数均显著为正，和预期一致，说明本章的研究结论具有较强的稳健性。

表 6 - 8 稳健性检验：更换中小商业银行分支机构数量的衡量指标

变量	（1）*gtfp*	（2）*gtfp*	（3）*gtfp*
Dist	23. 458 *** (1. 533)	19. 381 *** (2. 010)	20. 026 *** (1. 972)
nsoe_tdmj ×*Dist*	43. 432 *** (10. 799)		
nsoe_tdmj	- 19. 978 ** (8. 200)		

续表

变量	(1) gtfp	(2) gtfp	(3) gtfp
density_nsoe ×Dist		36.566 *** (7.693)	
density_nsoe		−26.261 *** (5.631)	
lnbranch ×Dist			1.887 *** (0.446)
lnbranch			−1.215 *** (0.308)
城市特征变量	Yes	Yes	Yes
企业特征变量	Yes	Yes	Yes
企业固定效应	Yes	Yes	Yes
年份固定效应	Yes	Yes	Yes
行业固定效应	Yes	Yes	Yes
Adj. R^2	0.211	0.214	0.212
观测值	8041	8041	8041

注：系数下括号内为估计系数的聚类稳健标准误，均经过"城市—年份"层面的 clustering 调整；*、** 和 *** 分别表示在 10%、5% 和 1% 的水平上显著。

除此之外，与前文第四章中将股份制商业银行作为中小商业银行代表这一做法合适与否的考虑相一致，本章仍仅保留城市商业银行作为中小商业银行的代表，重新考察其对我国制造业企业生产率的影响效应，以作为稳健性检验。回归结果见表 6-8 中列（3）。结果显示，本章研究结果仍比较稳健。

第四节　进一步分析

一、企业规模异质性分析

与前一章相一致，本部分在基准回归的基础上，进一步考察"小银行优势"理论是否同样存在于中小商业银行发展与上市公司 TFP 增长的关系之间。首先，为了直观地反映上述推断，我们结合相关数据同样绘制了散点图，如图 6-1 和图 6-2 所示。图 6-1 中的纵轴为样本期间上市公司平均 TFP，横轴为样本期间上市企业平均规模（以企业平均总资产取对数衡量）①。图 6-1 反映了企业规模与上市公司 TFP 之间的显著相关关系。图 6-1 表明，在上市公司样本中，企业 TFP 与企业规模之间同样存在显著的正相关关系，即企业规模越小，其 TFP 越低。图 6-2 中的纵轴为样本期间上市公司平均技术前沿距离，横轴为样本期间上市公司平均规模。图 6-2 表明，在上市公司样本中，企业规模与企业技术前沿距离同样呈现负相关关系，即企业规模越小，则其前沿技术距离越大。

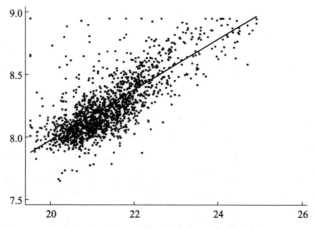

图 6-1　企业规模与企业 TFP 的散点图

资料来源：作者自行绘制。

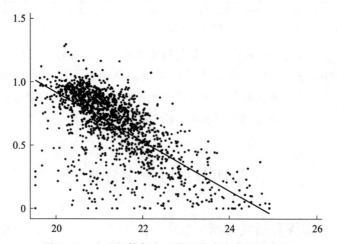

图 6-2　企业规模与企业前沿技术距离的散点图

资料来源：作者自行绘制。

---

① 出于稳健性考虑，我们还使用了企业营业收入与企业员工总数作为企业规模的衡量指标，得到的散点图具有极为相似的特征。

为了更严谨地验证上述推断，我们在回归中加入中小商业银行分支机构数与企业技术前沿距离以及按相关企业规模分组哑变量的交互项，考察中小商业银行分支机构数量的增加对不同规模企业技术追赶的作用效果差异。以样本期间企业总资产均值为基准排序并分组，具体来说，我们采用两种方法将企业按规模进行分组：一是将企业规模平均分为三组，并分别生成对应组别的哑变量，分别代表小规模企业（small size）、中型企业（medium size）以及大规模企业（large size）；二是根据五分位数将企业规模分组，并分别生成对应组别的哑变量（size quintile 1-5），size quintile 1代表规模最小的企业，size quintile 5代表规模最大的企业。

表6-9为区分企业规模的回归结果。我们在列（1）回归中以小规模企业作为基准，加入中小商业银行分支机构数量与企业前沿技术距离以及另外两个分组虚拟变量的交叉项。结果显示，中小商业银行分支机构数量与企业前沿技术距离的交互项 lnbranch ×Dist 显著为正，进一步加入其与中型企业和大规模企业虚拟变量的交互项 lnbranch ×Dist ×medium size 和 lnbranch ×Dist ×large size，发现估计系数均为负，尤其与中型企业虚拟变量交互项系数在5%水平显著为负，这与我们预期一致，即中小商业银行分支机构数量增加对企业技术追赶的积极作用随着企业规模的增加而变小。

表6-9 　　　　　　　　　　　　　　区分企业规模

变量	（1） 三分法	（2） 五分位数
lnbranch ×Dist	2.669*** (0.566)	3.091*** (0.602)
lnbranch ×Dist ×medium size	-0.874** (0.435)	
lnbranch ×Dist ×large size	-0.257 (0.473)	
lnbranch ×Dist ×size quintile 2		-1.592*** (0.539)
lnbranch ×Dist ×size quintile 3		-1.338** (0.595)
lnbranch ×Dist ×size quintile 4		-1.941*** (0.560)
lnbranch ×Dist ×size quintile 5		-0.057 (0.579)

续表

变量	（1） 三分法	（2） 五分位数
城市特征变量	Yes	Yes
企业特征变量	Yes	Yes
企业固定效应	Yes	Yes
年份固定效应	Yes	Yes
行业固定效应	Yes	Yes
Adj. R^2	0.214	0.217
观测值	8041	8041

注：系数下括号内为估计系数的聚类稳健标准误，均经过"城市—年份"层面的 clustering 调整；*、** 和 *** 分别表示在 10%、5% 和 1% 的水平上显著。

为进一步考察不同规模企业的技术追赶受银行放松管制影响的差异，我们以企业规模低于 20%（即企业规模最小的 20%）作为基准，在回归中加入中小商业银行分支机构数量与企业前沿技术距离以及其他四个分组虚拟变量的交叉项，估计结果见表 6-9 列（2）。中小商业银行分支机构数量与企业前沿技术距离的交互项 lnbranch ×Dist 显著为正，其与其他四个分组的交互项 lnbranch ×Dist ×size quintile 2、lnbranch ×Dist ×size quintile 3、lnbranch ×Dist ×size quintile 4、lnbranch × Dist ×size quintile 5 估计系数均为负，特别是对于规模在 60% ~ 80% 之间的企业，其系数的绝对值最大，显著性最强。这表明，规模最小的 20% 企业的技术追赶受中小商业银行分支机构数增加的影响最大。也就是说，随着企业规模的增加，中小商业银行分支机构数的增加对远离技术前沿企业技术追赶的促进作用会逐渐减弱。

二、企业所有制结构异质性分析

接下来，我们把样本按照企业所有制结构划分为国有企业和非国有企业两类分别回归，以考察中小商业银行分支机构数量的增长对上市公司 TFP 增长率的异质效应是否在不同产权结构的企业中有所不同，估计结果见表 6-10。

表 6-10　　　　　　　　　　　区分所有制性质

变量	（1） 国有企业	（2） 非国有企业
Dist	16.083 *** （3.289）	19.938 *** （3.827）

续表

变量	(1) 国有企业	(2) 非国有企业
ln*branch*	−1.736*** (0.453)	−1.551** (0.696)
ln*branch* ×*Dist*	1.810*** (0.652)	2.600*** (0.810)
城市特征变量	Yes	Yes
企业特征变量	Yes	Yes
企业固定效应	Yes	Yes
年份固定效应	Yes	Yes
行业固定效应	Yes	Yes
Adj. R^2	0.223	0.233
观测值	4023	4018

注：括号内的数字为估计系数的稳健性标准误，均经过"城市—年份"层面的 clustering 调整；*、**和 *** 分别表示在 10%、5% 和 1% 的水平上显著。

表 6−10 的估计结果表明，在控制了城市和企业特征变量以及年份、企业和行业等固定效应后，中小商业银行分支机构数量和企业技术前沿距离的交互项 ln*branch* ×*Dist* 系数大小具有明显的差异：在国有企业样本下，交互项 ln*branch* × *Dist* 系数为 1.810，且在 1% 的水平下显著；在非国有企业样本下，该系数为 2.600，且在 1% 的水平下显著。该结果表明，中小商业银行分支机构数量的增加对于非国有企业的技术追赶具有更大的推动作用。

三、制度环境异质性分析

同样与第三章和第四章保持一致，将样本按照企业所处地区制度环境中位数（以市场化指数中细分指标"政府与市场关系"衡量①），划分为制度环境较好和制度环境较差地区进一步回归分析。

表 6−11 回归结果显示，在制度环境较差的地区中，中小商业银行分支机构数量和企业技术前沿距离的交互项 ln*branch* ×*Dist* 估计系数为 3.764，在 1% 水平上显著为正，而在制度环境较好地区中，交互项估计系数并不显著。这说明中小商业银行分支机构数量的增加对处于不同技术前沿差距的企业的异质性影响，在

---

① 鉴于本章样本区间所限，这里所使用的制度环境指标数据区间为 2008～2013 年。市场化指数相关数据来源于樊纲等（2016）编制的中国市场化指数系列报告。

不同的制度环境中存在显著差异。也就是说，在制度环境相对较差的地区，中小商业银行分支机构数量的增加对远离技术前沿企业的 TFP 增长的正向激励作用更显著。而在制度环境相对较好的地区，并没有发现这种显著效应。这个结果另一方面说明，中小商业银行分支机构市场准入的放松在一定程度上弥补了地区制度环境较差的不足，进而提高后发企业的技术追赶速度。

表 6-11　　　　　　　　　　区分制度环境优劣

变量	(1) 制度环境较好	(2) 制度环境较差
Dist	28.678*** (9.265)	27.760*** (5.218)
lnbranch	-0.498 (1.831)	-3.736*** (0.892)
lnbranch ×Dist	2.750 (1.975)	3.764*** (1.036)
城市特征变量	Yes	Yes
企业特征变量	Yes	Yes
企业固定效应	Yes	Yes
年份固定效应	Yes	Yes
行业固定效应	Yes	Yes
Adj. R^2	0.282	0.300
观测值	2998	2813

　　注：括号内的数字为估计系数的稳健性标准误，均经过"城市—年份"层面的 clustering 调整；*、** 和 *** 分别表示 10%、5% 和 1% 的显著水平。

第五节　本章小结

　　本章从国内层面同行业内企业生产力变化视角，探究我国中小商业银行规模扩张对制造业企业生产率变化的影响和作用机制。具体来说，我们利用 2009 年针对中小商业银行的放松管制政策冲击，借助中国沪深 A 股上市公司数据和各地级市银行业分支机构数据，实证分析了我国银行放松管制带来的中小商业银行规模扩张对制造业企业生产率增长的影响及其影响机制。研究结论和前一章基于国际视角探讨中小商业银行发展和企业效率变化的结果基本保持一致。基于上市公司数据的研究结果显示，中小商业银行发展更有利于低效率企业向同行业内前沿企业的技术追赶。这个结果在变换不同指标和模型设定下均十分稳健。此外，中小商业银行发展对企业技术进步的这种异质性影响主要体现在小规模企业、非国有企业和制度环境较差的地区。

第七章
研究结论与政策建议

在前文理论和实证分析的基础上，本章首先对前文各章研究所得到的主要结论进行归纳总结，其次基于本书研究结果，结合我国现实情境，针对如何完善金融发展体系、提高全要素生产率、提高金融发展尤其是银行业发展服务实体经济的效率，助力我国经济由中高速增长转向高质量发展提供相对应的政策建议。最后本章还进一步提出了可能存在的不足之处以及后续可以继续拓展的相关议题。

第一节　主要研究结论

围绕我国银行业发展如何影响制造业企业生产率提升这一核心问题，基于企业技术前沿距离的视角，本书从我国银行业整体信贷规模扩张和银行业内部中小商业银行规模扩张两个角度，实证检验了其对制造业企业全要素生产率或劳动生产率增长的影响。

总体而言，本书研究发现。

第一，不论技术前沿在国内层面还是国际层面，企业属于上市公司还是非上市公司，我国制造业中均存在后发企业向技术前沿追赶的"追赶型增长"特征。

第二，无论从银行业整体信贷规模扩张角度还是银行业内部中小商业银行规模扩张角度，其对制造业企业生产率增长的影响均具有非线性，且作用效果依赖于企业技术前沿距离。即银行业发展对企业生产率提升的正向效应存在门槛值：企业距离技术前沿越远，其生产率增速受银行业发展的正向促进作用越大；企业越靠近技术前沿，其生产率增速受银行业发展的正向促进作用越弱甚至受到抑制作用。

第三，从企业所有制性质角度来看，银行业整体规模扩张对企业生产率增长的非线性影响效应在国有企业中更明显，而中小商业银行规模扩张对企业生产率增长的非线性影响效应则更多体现在非国有企业中。

第四，从企业所处的制度环境状况来看，企业所在城市制度环境越成熟，银行业整体规模扩张的这种非线性影响效应越大，与此不同的是，中小商业银行规模扩张的这种非线性影响效应主要体现在制度环境尚不完善的地区。

具体而言，本书的研究结论主要包括以下四点。

第一，通过对我国银行业发展特征分析发现。首先，无论是从金融机构数量还是信贷规模来看，我国银行业整体规模均呈现逐年扩大趋势。尽管国有大型商业银行仍然保持着较强的市场影响力，但银行业市场集中度整体上表现出稳步下降趋势。其次，以股份制商业银行和城市商业银行为代表的中小商业银行分支机构也呈现出逐年增加趋势，从新设分支机构和跨区域变化情况来看，其具有显著的阶段性变化特征，且2009年银行放松管制政策出台后，数量增加特征显著。从区域布局来看，中小商业银行分支机构数量布局在全国不同地区存在显著差异。

第二，通过对我国制造业生产率特征分析发现。首先，与美国各制造业行业相比，我国各行业劳动生产率都有明显落后差距，但各细分行业落后程度差别不一。其次，各行业与世界技术前沿的差距呈现出显著的动态变化特征，但前沿技术差距表现出逐渐缩小趋势。

第三，基于中国沪深A股制造业上市公司数据和城市层面银行业发展相关数据，实证考察银行业整体规模扩张对制造业企业全要素生产率增长的影响。研究发现，整体上来看，银行业规模扩张对企业全要素生产率增速的作用效果依赖于企业本身所处的技术状态：企业技术前沿差距越大，其生产率增长受银行业规模扩张的促进作用越大；企业技术前沿差距越小，其生产率增长受银行业规模扩张的促进作用越弱甚至产生负向影响。进一步地，区分行业风险特性的结果显示，资本和技术密集型行业中这种非线性影响效应更显著。区分所有制类型的结果显示，相对于非国有企业，这种非线性影响在国有企业表现更为突出。区分地区制度环境差异的结果显示，制度环境更好的地区这种非线性影响更显著。变换全要素生产率测度方法、技术前沿差距指标和银行业规模扩张指标以及采用工具变量进行内生性检验等一系列稳健性检验表明，结果均稳健。

第四，基于我国银行放松管制政策带来的中小商业银行规模扩张背景，考察其对企业生产率增长的影响。由于目前我国以中小商业银行为对象的银行放松管制政策，其实施初衷主要是为了促进中小商业银行更好地服务当地中小企业的发展，而上市公司数据和中国工业企业数据所代表的企业样本存在显著差异，因此，针对中小商业银行规模扩张如何影响企业生产率提升这一议题，本书分别提供了基于上市公司层面和中国工业企业层面的不同经验证据，以便为政策效果评估提供更充实的证据支持。

基于两套数据和两种不同的技术前沿距离设定，本书得到的研究结论较为一致。研究发现，整体上来看，以中小商业银行为对象的银行放松管制政策带来的中小商业银行规模扩张，对企业生产率增长的作用效果具有非线性，主要依赖于企业与技术前沿的差距。企业距离技术前沿差距越大，中小商业银行发展越有助于提高其技术追赶速度，但随着企业逐渐接近技术前沿，中小商业银行规模扩张对其技术追赶速度的提升作用逐渐削弱甚至转为负向。此外，中小商业银行规模扩张对企业生产率增长的这种影响效应还受到不同企业类别的影响。分企业规模类型的结果显示，企业规模越小，这种异质性影响越大。分企业所有制类型的结果显示，这种影响在非国有企业表现更为显著。最后，制度环境异质性分析表明，这种影响在企业所处制度环境较差的地区表现更显著。

第二节　相关政策建议

从本书研究结果来看，基于不同维度考察的银行业发展，对制造业企业生产率提升的影响存在差异，结合研究结论和中国现实发展情境，本书提出如下相关政策建议。

一、继续挖掘制造业全要素生产率增长的传统潜力

通常而言，全要素生产率的提高来源于高效率与低效率企业的进入退出更替、存续企业间配置效率改善和企业的绝对技术进步这四种方式（毛其淋和盛斌，2013；杨汝岱，2015）。本书研究表明，一方面，从国际层面来看，我国制造业企业与以美国为代表的国际技术前沿的劳动生产率存在较大差距；另一方面，从国内层面来看，我国国内各制造业行业中同一行业内企业间也存在着巨大且普遍的全要素生产率差异。而我国生产率差异巨大这一事实，意味着生产要素尚未达到最优配置，仍存在极大的提高潜力和提升空间。低效率企业通过充分挖掘自身后发优势，向以高效率企业为代表的技术前沿学习追赶，是保持中国制造业整体全要素生产率持续提高，挖掘潜在经济增长路径的一种有效方式。当前我国整体创新能力逐渐迈入世界第一梯队，但是一些关键核心技术仍掌握在发达国家，对此，应设法探索我国自身发展的可能优势所在，采取"非对称"赶超策略以期从跟跑者成为前沿技术的并跑者甚至领跑者。

二、注重银行发展与异质性生产率企业的互动与匹配

企业获得外部融资的难度越高，其生产率收敛到技术前沿的概率越低。本书研究表明，从银行业整体规模扩张和中小商业银行规模扩张两个维度来看，银行业发展对企业生产率提升的正向促进效应存在技术差距门槛。即当企业距离技

前沿差距较大时，其生产率增速受银行业发展的正向促进作用越大，而随着企业技术前沿距离的逐步缩小，其生产率增速受银行业发展的正向促进作用越弱甚至受到抑制作用。这意味着，无论是从整体视角，还是从中小商业银行扩张角度，银行业的发展在助推后发企业向技术前沿的技术追赶中发挥了重要积极作用，在我国企业生产率存在巨大追赶空间的背景下，银行体系仍然是提高企业全要素生产率、发展实体经济的重要支撑。此外，也需要认识到，随着我国整体科技实力与世界技术前沿的差距逐渐缩小，传统的银行主导型金融体系作用有限，银行业内部结构的调整尤其是中小商业银行规模的扩张，也在提升技术前沿生产率增速方面难显助力。因而，需要探索其他有效的金融支持方式如大力发展科创板等，辅助靠近前沿企业的效率提升。

三、地方政府和银行互动配合，共同发挥积极作用

本书研究发现，在不同维度的银行业发展对企业效率增长的作用中，地方政府干预有不同方向的影响。因此，地方政府要根据本地区的实际情况，根据地区制度环境在银行发展与企业效率关系中的作用，合理有效地发挥积极作用，真正做到"让市场在资源配置中发挥决定性作用和更好发挥政府作用"。具体而言，本书研究表明，一方面，银行整体规模扩张更有利于增强后发企业的技术追赶速度，且这种效应在制度环境较好的地区表现更为显著；另一方面，以股份制商业银行和城市商业银行为代表的中小商业银行规模扩张也同样更有利于后发企业的技术追赶，但这种影响效应在制度环境尚不完善的城市更为突出。这意味着，在提升企业全要素生产率的可行路径中，银行业发展和地方政府作用可以相互协调，共同助力企业实现技术赶超，进而提升整体制造业的全要素生产率。一方面，随着我国银行业规模的持续扩大与发展，政府应加强培养自身提供公共服务的能力，减少对市场经济的干预，为市场参与者提供公平高效的服务环境，着力打造服务型政府，以助力我国以银行主导的金融体系更好地服务实体经济；另一方面，可积极引导中小商业银行进入那些制度环境相对更不完善的地区，以通过中小商业银行发展弥补地区制度环境的不足，帮助那些具有后发优势的企业实现更快速度的技术追赶。

四、注重银行业发展效率与质量，适度扩张中小商业银行规模

银行业的发展不仅体现在银行分支机构数量的增加和相关资产的提高，而且还应体现在银行业发展效率和银行业服务实体经济质量方面。本书研究表明，我国以中小商业银行为对象的银行放松管制所带来的中小商业银行规模扩张，并不利于技术前沿企业的技术进步，也就是说尽管新设中小商业银行分支机构可能会帮助企业增加融资可得性，尤其是中小企业，但却未必能支持高效率企业的效率

提升。除了银行稳健经营特性的局限外，一个很重要的原因可能就是银行业放松管制政策下中小商业银行存在盲目扩张现象，随之而来的就是中小商业银行低效的资本运营效率与高风险。因此，在优化银行业内部结构的同时，应适度增设中小金融机构数量，在增强中小商业银行的风控能力的基础上，提高其信贷投放能力。

五、提升银行风险管理等技术，推进银行为代表的金融中介创新

银行在着力服务实体经济的同时，在激励技术创新、助力向技术前沿迈进方面也存在自身的局限。而在我国以银行为主导的金融体系背景下，这对实现创新驱动发展和建设创新型国家以及促进全要素生产率的提高均具有非常大的挑战。对此，一方面需要进一步建立健全多层次的金融市场，增加企业直接融资渠道；另一方面也需要推进以银行为代表的金融中介创新，以利用现有资源更好地贡献银行业的力量。事实上，近年来，我国以银行为代表的金融中介正在不断创新，越来越多的新兴银行业态也开始涌现，包括金融科技变革带来的商业银行数字化以及金融科技创新转型、各类民营银行的成立等。尤其是随着我国银行风险管理技术的升级以及资产证券化的不断推进，使得银行风险规避特性与技术创新等高风险活动之间不相匹配的问题有所缓解，这将有利于更好地利用银行金融支持资源，并更有力地激励技术创新活动。因此，未来应进一步厘清金融创新的难点痛点，把握金融创新的机遇与优势，探寻有效的金融中介创新策略，以利用当前金融科技变革的东风，推进以银行为代表的金融中介创新，更好地发挥银行业在服务实体经济中的积极作用。

第三节　研究局限与进一步研究方向

本书试图从我国银行业信贷规模扩张和银行业内部中小商业银行规模扩张两个维度，考察银行业发展对我国制造业企业全要素生产率的影响及其作用机制，以探索我国银行业渐进式改革方向，有效评估银行业服务实体经济的绩效。其中，关于我国银行放松管制背景下中小商业银行的发展对企业生产率的影响研究，更为有效的研究方法之一可能是利用银行放松管制这一外生冲击，构造一个双重差分模型（DID 模型）来对其进行分析。然而，正如本书在回顾国内外相关文献时所提到的，一方面，中国银行保险监督管理委员会主导下的银行管制放松政策往往不具有显著的地域差异；另一方面，目前为止我国各商业银行对应到借款企业层面的信贷详细数据并不公开可得，这就不可避免地限制了本书在研究方法和内容上的进一步完善。此外，事实上，银行业的发展与改革涵盖了诸多维

度，尤其在当前金融科技大爆发的背景下，越来越多的传统商业银行纷纷尝试拥抱金融科技创新以寻求数字化转型之路，这必将带来整个银行业发展的大变革。基于此，从银行金融科技创新发展的角度，分析银行数字化技术如何影响服务企业全要素生产率提升将作为后续研究的重要议题。

参考文献

［1］边文龙，沈艳，沈明高．银行业竞争度、政策激励与中小企业贷款——来自 14 省 90 县金融机构的证据［J］．金融研究，2017（1）：114 – 129．

［2］蔡昉．中国经济增长如何转向全要素生产率驱动型［J］．中国社会科学，2013（1）：56 – 71．

［3］蔡竞，董艳．银行业竞争与企业创新——来自中国工业企业的经验证据［J］．金融研究，2016（11）：96 – 111．

［4］蔡卫星．分支机构市场准入放松，跨区域经营与银行绩效［J］．金融研究，2016（6）：127 – 141．

［5］蔡卫星．银行业市场结构对企业生产率的影响——来自工业企业的经验证据［J］．金融研究，2019，466（4）：39 – 55．

［6］陈志刚，郭帅．金融发展影响全要素生产率增长研究述评［J］．经济学动态，2012（8）：129 – 136．

［7］董志强，魏下海，汤灿晴．制度软环境与经济发展——基于 30 个大城市营商环境的经验研究［J］．管理世界，2012（4）：9 – 20．

［8］方明月．先天优势还是后天努力——国企级别对全要素生产率影响的实证研究［J］．财贸经济，2014，35（11）：125 – 136．

［9］龚关，胡关亮．中国制造业资源配置效率与全要素生产率［J］．经济研究，2013，48（4）：4 – 15．

［10］龚强，张一林，林毅夫．产业结构、风险特性与最优金融结构［J］．经济研究，2014，49（4）：4 – 16．

［11］韩永辉，黄亮雄，王贤彬．产业政策推动地方产业结构升级了吗？——基于发展型地方政府的理论解释与实证检验［J］．经济研究，2017，52（8）：33 – 48．

［12］何光辉，杨咸月．融资约束对企业生产率的影响——基于系统 GMM 方法的国企与民企差异检验［J］．数量经济技术经济研究，2012，29（5）：19 – 35．

［13］贺小刚，邓浩，吴诗雨，等．赶超压力与公司的败德行为——来自中

国上市公司的数据分析 [J]. 管理世界, 2015 (9): 104 – 124.

[14] 贾俊生, 伦晓波, 林树. 金融发展、微观企业创新产出与经济增长——基于上市公司专利视角的实证分析 [J]. 金融研究, 2017 (1): 99 – 113.

[15] 简泽, 段永瑞. 企业异质性、竞争与全要素生产率的收敛 [J]. 管理世界, 2012 (8): 15 – 29.

[16] 蒋殿春, 张宇. 经济转型与外商直接投资技术溢出效应 [J]. 经济研究, 2008 (7): 26 – 38.

[17] 金刚, 沈坤荣. 以邻为壑还是以邻为伴？——环境规制执行互动与城市生产率增长 [J]. 管理世界, 2018, 34 (12): 43 – 55.

[18] 孔东民, 代昀昊, 李阳. 政策冲击、市场环境与国企生产效率：现状、趋势与发展 [J]. 管理世界, 2014 (8): 4 – 17.

[19] 李雪冬, 江可申, 夏海力. 供给侧改革引领下双三角异质性制造业要素扭曲及生产率比较研究 [J]. 数量经济技术经济研究, 2018, 35 (5): 23 – 39.

[20] 林毅夫, 李永军. 中小金融机构发展与中小企业融资 [J]. 经济研究, 2001 (1): 10 – 18.

[21] 林毅夫, 姜烨. 发展战略、经济结构与银行业结构：来自中国的经验 [J]. 管理世界, 2006 (1): 29 – 40.

[22] 林毅夫, 孙希芳, 姜烨. 经济发展中的最优金融结构理论初探 [J]. 经济研究, 2009, 44 (8): 4 – 17.

[23] 林志帆, 龙晓旋. 金融结构与发展中国家的技术进步——基于新结构经济学视角的实证研究 [J]. 经济学动态, 2015 (12): 57 – 68.

[24] 刘海兵, 许庆瑞. 后发企业战略演进、创新范式与能力演化 [J]. 科学学研究, 2018, 36 (8): 1442 – 1454.

[25] 刘培森. 银行业竞争、企业创新与全要素生产率 [D]. 重庆：重庆大学, 2018.

[26] 刘小玄, 李双杰. 制造业企业相对效率的度量和比较及其外生决定因素 (2000—2004) [J]. 经济学 (季刊), 2008 (3): 843 – 868.

[27] 刘小玄. 中国工业企业的所有制结构对效率差异的影响 [J]. 经济研究, 2000 (2): 17 – 25.

[28] 鲁桐, 党印. 公司治理与技术创新：分行业比较 [J]. 经济研究, 2014, 49 (6): 115 – 128.

[29] 鲁晓东, 连玉君. 中国工业企业全要素生产率估计：1999—2007 [J]. 经济学 (季刊), 2012, 11 (2): 541 – 558.

[30] 陆剑, 柳剑平, 程时雄. 中国与 OECD 主要国家工业行业技术差距的动态测度 [J]. 世界经济, 2014, 37 (9): 25 – 52.

[31] 罗德明，李晔，史晋川．要素市场扭曲、资源错置与生产率 [J]．经济研究，2012，47（3）：4－14．

[32] 罗雨泽，朱善利，陈玉宇，等．外商直接投资的空间外溢效应：对中国区域企业生产率影响的经验检验 [J]．经济学（季刊），2008（2）：587－620．

[33] 马光荣，李力行．金融契约效率、企业退出与资源误置 [J]．世界经济，2014，37（10）：77－103．

[34] 毛其淋，许家云．中间品贸易自由化，制度环境与生产率演化 [J]．世界经济，2015（9）：80－106．

[35] 聂辉华，贾瑞雪．中国制造业企业生产率与资源误置 [J]．世界经济，2011，34（7）：27－42．

[36] 聂辉华，江艇，杨汝岱．中国工业企业数据库的使用现状和潜在问题 [J]．世界经济，2012，35（5）：142－158．

[37] 彭新敏，郑素丽，吴晓波，等．后发企业如何从追赶到前沿？——双元性学习的视角 [J]．管理世界，2017（2）：142－158．

[38] 钱水土，周永涛．金融发展、技术进步与产业升级 [J]．统计研究，2011，28（1）：68－74．

[39] 钱雪松，康瑾，唐英伦，等．产业政策、资本配置效率与企业全要素生产率——基于中国2009年十大产业振兴规划自然实验的经验研究 [J]．中国工业经济，2018（8）：42－59．

[40] 青木昌彦．政府在东亚经济发展中的作用：比较制度分析 [M]．北京：中国经济出版社，1998．

[41] 任曙明，孙飞．需求规模、异质性研发与生产率——基于 ACF 法的实证研究 [J]．财经研究，2014，40（8）：42－56．

[42] 唐清泉，巫岑．银行业结构与企业创新活动的融资约束 [J]．金融研究，2015（7）：116－134．

[43] 王永进，冯笑．行政审批制度改革与企业创新 [J]．中国工业经济，2018（2）：24－42．

[44] 温军，冯根福，刘志勇．异质债务、企业规模与 R&D 投入 [J]．金融研究，2011（1）：167－181．

[45] 巫岑，黎文飞，唐清泉．银企关系、银行业竞争与民营企业研发投资 [J]．财贸经济，2016，37（1）：74－91．

[46] 吴晗，段文斌．银行业市场结构、融资依赖与中国制造业企业进入——最优金融结构理论视角下的经验分析 [J]．财贸经济，2015（5）：72－83．

[47] 吴晗，贾润崧．银行业如何支持实体经济的供给侧改革？——基于企业进入退出的视角 [J]．财经研究，2016，42（12）：108－118．

［48］吴晓波，付亚男，吴东，等．后发企业如何从追赶到超越？——基于机会窗口视角的双案例纵向对比分析［J］．管理世界，2019，35（2）：151－167.

［49］吴延兵．自主研发、技术引进与生产率——基于中国地区工业的实证研究［J］．经济研究，2008（8）：51－64.

［50］夏杰长，刘诚．行政审批改革、交易费用与中国经济增长［J］．管理世界，2017（4）：47－59.

［51］谢千里，罗斯基，张轶凡．中国工业生产率的增长与收敛［J］．经济学（季刊），2008（3）：809－826.

［52］熊瑞祥，李辉文，郑世怡．干中学的追赶——来自中国制造业企业数据的证据［J］．世界经济文汇，2015（2）：20－40.

［53］晏宗新．我国银行业监管体系分析——基于监管偏好与反管制的视角［J］．中国工业经济，2009（12）：36－45.

［54］杨本建，李威，王珺．合约执行效率与企业技术赶超［J］．管理世界，2016（10）：103－117.

［55］杨飞，孙文远，程瑶．技术赶超是否引发中美贸易摩擦［J］．中国工业经济，2018（10）：99－117.

［56］杨汝岱．中国制造业企业全要素生产率研究［J］．经济研究，2015，50（2）：61－74.

［57］杨子荣，张鹏杨．金融结构、产业结构与经济增长——基于新结构金融学视角的实证检验［J］．经济学（季刊），2018，17（2）：847－872.

［58］姚洋，章奇．中国工业企业技术效率分析［J］．经济研究，2001（10）：13－19.

［59］余泳泽，张先轸．要素禀赋、适宜性创新模式选择与全要素生产率提升［J］．管理世界，2015（9）：13－31.

［60］赵健宇，陆正飞．养老保险缴费比例会影响企业生产效率吗？［J］．经济研究，2018，53（10）：97－112.

［61］张健华，王鹏，冯根福．银行业结构与中国全要素生产率——基于商业银行分省数据和双向距离函数的再检验［J］．经济研究，2016，51（11）：110－124.

［62］张杰，高德步．金融发展与创新：来自中国的证据与解释［J］．产业经济研究，2017（3）：43－57.

［63］张杰，李克，刘志彪．市场化转型与企业生产效率——中国的经验研究［J］．经济学（季刊），2011，10（2）：571－602.

［64］张杰，郑文平，新夫．中国的银行管制放松、结构性竞争和企业创新［J］．中国工业经济，2017（10）：118－136.

［65］张杰.注资与国有银行改革：一个金融政治经济学的视角［J］.经济研究，2004（6）：4-14.

［66］张莉，朱光顺，李世刚，等.市场环境、重点产业政策与企业生产率差异［J］.管理世界，2019，35（3）：114-126.

［67］张晓玫，钟祯.银行规模与上市中小企业贷款——基于中国上市中小企业银行贷款数据的经验研究［J］.南开经济研究，2013（2）：94-111.

［68］张一林，龚强，荣昭.技术创新、股权融资与金融结构转型［J］.管理世界，2016（11）：65-80.

［69］张一林，林毅夫，龚强.企业规模、银行规模与最优银行业结构——基于新结构经济学的视角［J］.管理世界，2019，35（3）：31-47.

［70］张云，刘帅光，李双建.契约执行效率、融资成本与TFP增长率——来自中国制造业企业的证据［J］.南开经济研究，2017（5）：118-135.

［71］钟腾，汪昌云.金融发展与企业创新产出——基于不同融资模式对比视角［J］.金融研究，2017（12）：127-142.

［72］郑刚，郭艳婷.新型技术追赶与动态能力：家电后发企业多案例研究［J］.科研管理，2017，38（7）：62-71.

［73］Abramovitz M. Catching up，Forging ahead，and Falling behind［J］. The Journal of Economic History，1986，46（2）：385-406.

［74］Abubakr S，Esposito F. Bank Concentration and Financial Constraints on Firm Investment in UK［J］. Studies in Economics and Finance，2012，29（1）：11-25.

［75］Acemoglu D，Aghion P，Zilibotti F. Distance to Frontier，Selection，and Economic Growth［J］. Journal of the European Economic Association，2006，4（1）：37-74.

［76］Acemoglu D，Aghion P，Zilibotti F. Vertical Integration and Distance to Frontier［J］. Journal of the European Economic Association，2003，1（2-3）：630-638.

［77］Acemoglu D，Antràs P，Helpman E. Contracts and Technology Adoption［J］. American Economic Review，2007，97（3）：916-943.

［78］Acemoglu D，Gancia G，Zilibotti F. Competing Engines of Growth：Innovation and Standardization［J］. Journal of Economic Theory，2012，147（2）：570-601.

［79］Acemoglu D，Johnson S，Robinson J A. Institutions as a Fundamental Cause of Long-Run Growth［J］. Handbook of Economic Growth，2005（1）：385-472.

［80］Acemoglu D，Zilibotti F. Was Prometheus Unbound by Chance？ Risk，Diversification，and Growth［J］. Journal of Political Economy，1997，105（4）：709-751.

[81] Ackerberg D A, Caves K, Frazer G. Identification Properties of Recent Production Function Estimators [J]. Econometrica, 2015, 83 (6): 2411 – 2451.

[82] Aghion P, Angeletos G M, Banerjee A, and Manova K. Volatility and Growth: Credit Constraints and the Composition of Investment [J]. Journal of Monetary Economics, 2010, 57 (3): 246 – 265.

[83] Aghion P, Howitt P. Appropriate Growth Policy: a Unifying Framework [J]. Journal of the European Economic Association, 2006, 4 (2 – 3): 269 – 314.

[84] Aghion P, Bloom N, Blundell R, Griffith R, and Howitt P. Competition and Innovation: An Inverted-U Relationship [J]. The Quarterly Journal of Economics, 2005, 120 (2): 701 – 728.

[85] Aghion P, Blundell R, Griffith R, and Howitt P. The Effects of Entry on Incumbent Innovation and Productivity [J]. The Review of Economics and Statistics, 2009, 91 (1): 20 – 32.

[86] Allen F, Gale D. Comparing Financial Systems [M]. MIT Press, 2000.

[87] Allen F, Gale D. Diversity of Opinion and Financing of New Technologies [J]. Journal of Financial Intermediation, 1999, 8 (1 – 2): 68 – 89.

[88] Allen F, Gale D. Financial Markets, Intermediaries, and Intertemporal Smoothing [J]. Journal of Political Economy, 1997, 105 (3): 523 – 546.

[89] Amable B, Demmou L, Ledezma I. Product Market Regulation, Innovation, and Distance to Frontier [J]. Industrial and Corporate Change, 2010, 19 (1): 117 – 159.

[90] Amore M D, Schneider C, Žaldokas A. Credit Supply and Corporate Innovation [J]. Journal of Financial Economics, 2013, 109 (3): 835 – 855.

[91] Arcand J L, Berkes E, Panizza U. Too Much Finance? [J]. Journal of Economic Growth, 2015, 20 (2): 105 – 148.

[92] Arnold J, Nicoletti G, Scarpetta S. Regulation, Resource Reallocation and Productivity Growth [J]. Nordic Economic Policy Review, 2011, 2 (2): 61 – 97.

[93] Ayyagari M, Demirgüç-Kunt A, Maksimovic V. How Important are Financing Constraints? The Role of Finance in the Business Environment [J]. The World Bank Economic Review, 2008, 22 (3): 483 – 516.

[94] Ayyagari M, Demirgüç-Kunt A, Maksimovic V. Formal Versus Informal Finance: Evidence from China [J]. The Review of Financial Studies, 2010, 23 (8): 3048 – 3097.

[95] Barro R, Sala-i-Martin X. Technology Diffusion, Convergence and Growth [J]. Journal of Economic Growth, 1997, 2 (1): 1 – 25.

[96] Bartelsman E, Dobbelaere S, Peters B. Allocation of Human Capital and Innovation at the Frontier: Firm-Level Evidence on Germany and the Netherlands [J]. Industrial and Corporate Change, 2014, 24 (5): 875 – 949.

[97] Beck T, Levine R, Levkov A. Big bad banks? The Winners and Losers from Bank Deregulation in the United States [J]. The Journal of Finance, 2010, 65 (5): 1637 – 1667.

[98] Beck T, Levine R, Loayza N. Finance and the Sources of Growth [J]. Journal of Financial Economics, 2000, 58 (1 – 2): 261 – 300.

[99] Beck T, Levine R. Stock Markets, Banks, and Growth: Panel Evidence [J]. Journal of Banking & Finance, 2004, 28 (3): 423 – 442.

[100] Beck T, Demirgüç-Kunt A, Maksimovic V. Bank Competition and Access to Finance: International Evidence [J]. Journal of Money, Credit and Banking, 2004: 627 – 648.

[101] Beerli A, Weiss F J, Zilibotti F, Zweimüller J. Demand Forces of Technical Change Evidence from the Chinese Manufacturing Industry [J]. China Economic Review, 2018, Forthcoming.

[102] Bencivenga V R, Smith B D. Financial Intermediation and Endogenous Growth [J]. The Review of Economic Studies, 1991, 58 (2): 195 – 209.

[103] Benhabib J, Spiegel M M. The Role of Human Capital in Economic Development Evidence from Aggregate Cross-Country Data [J]. Journal of Monetary Economics, 1994, 34 (2): 143 – 173.

[104] Berger A N, Hasan I, Zhou M. Bank Ownership and Efficiency in China: What Will Happen in the World's Largest Nation? [J]. Journal of Banking & Finance, 2009, 33 (1): 113 – 130.

[105] Berger A N, Udell G F. Relationship Lending and Lines of Credit in Small Firm Finance [J]. Journal of Business, 1995: 351 – 381.

[106] Berger A N, Udell G F. Universal Banking and the Future of Small Business Lending [M] Saunders A. Walter I. Financial System Design: The Case for Universal Banking. BurrRidge, IL: Irwin Publishing, 1996: 559 – 627.

[107] Berger A N, Udell G F. The Economics of Small Business Finance: The Roles of Private Equity and Debt Markets in the Financial Growth Cycle [J]. Journal of Banking & Finance, 1998, 22 (6 – 8): 613 – 673.

[108] Berger A N, Udell G F. Small Business Credit Availability and Relationship Lending: The Importance of Bank Organisational Structure [J]. The Economic Journal, 2002, 112 (477): F32 – F53.

［109］ Berger A N, Miller N H, Petersen M A, et al. Does Function Follow Organizational Form? Evidence from the Lending Practices of Large and Small Banks ［J］. Journal of Financial Economics, 2005, 76 (2): 237 – 269.

［110］ Berger A N, Bouwman C H, Kim D. Small Bank Comparative Advantages in Alleviating Financial Constraints and Providing Liquidity Insurance over Time ［J］. Review of Financial Studies, 2017, 30 (10): 3416 – 3454.

［111］ Berger A N, Sedunov J. Bank Liquidity Creation and Real Economic Output ［J］. Journal of Banking & Finance, 2017 (81): 1 – 19.

［112］ Bertrand M, Schoar A, Thesmar D. Banking Deregulation and Industry Structure: Evidence from the French Banking Reforms of 1985 ［J］. The Journal of Finance, 2007, 62 (2): 597 – 628.

［113］ Bhide A V. The Origin and Evolution of New Business ［M］. New York, NY: Oxford University Press, 2000.

［114］ Black S E, Strahan P E. Entrepreneurship and Bank Credit Availability ［J］. The Journal of Finance, 2002, 57 (6): 2807 – 2833.

［115］ Bourlès R, Cette G, Lopez J, Mairesse J, and Nicoletti G. Do Product Market Regulations in Upstream Sectors Curb Productivity Growth? Panel Data Evidence for OECD Countries ［J］. Review of Economics and Statistics, 2013, 95 (5): 1750 – 1768.

［116］ Boyd J H, Prescott E C. Financial Intermediary-Coalitions ［J］. Journal of Economic Theory, 1986, 38 (2): 211 – 232.

［117］ Brandt L, Li H. Bank Discrimination in Transition Economies: Ideology, Information, or Incentives? ［J］. Journal of Comparative Economics, 2003, 31 (3): 387 – 413.

［118］ Brandt L, Van Biesebroeck J, Zhang Y. Creative Accounting or Creative Destruction? Firm-Level Productivity Growth in Chinese Manufacturing ［J］. Journal of Development Economics, 2012, 97 (2): 339 – 351.

［119］ Brown J R, Fazzari S M, Petersen B C. Financing Innovation and Growth: Cash Flow, External Equity, and the 1990s R&D Boom ［J］. The Journal of Finance, 2009, 64 (1): 151 – 185.

［120］ Brown J R, Martinsson G, Petersen B C. Do Financing Constraints Matter for R&D? ［J］. European Economic Review, 2012, 56 (8): 1512 – 1529.

［121］ Brown J R, Martinsson G, Petersen B C. Law, Stock Markets, and Innovation ［J］. The Journal of Finance, 2013, 68 (4): 1517 – 1549.

［122］ Buccirossi P, Ciari L, Duso T, et al. Competition Policy and Productivity

Growth: An Empirical Assessment [J]. Review of Economics and Statistics, 2013, 95 (4): 1324 – 1336.

[123] Buera F J, Kaboski J P, Shin Y. Finance and Development: A Tale of Two Sectors [J]. American Economic Review, 2011, 101 (5): 1964 – 2002.

[124] Butler A W, Cornaggia J. Does Access to External Finance Improve Productivity? Evidence from a Natural Experiment [J]. Journal of Financial Economics, 2011, 99 (1): 184 – 203.

[125] Carbo-Valverde S, Rodriguez-Fernandez F, Udell G F. Bank Market Power and SME Financing Constraints [J]. Review of Finance, 2009, 13 (2): 309 – 340.

[126] Cecchetti S G, Kharroubi E. Reassessing the Impact of Finance on Growth [R]. Microeconomics: Production, 2012.

[127] Cetorelli N, Strahan P E. Finance as a Barrier to Entry: Bank Competition and Industry Structure in Local US Markets [J]. The Journal of Finance, 2006, 61 (1): 437 – 461.

[128] Chava S, Oettl A, Subramanian A, et al. Banking Deregulation and Innovation [J]. Journal of Financial Economics, 2013, 109 (3): 759 – 774.

[129] Chemmanur T J, Qin J, Sun Y, Yu Q, Zheng X. How Does Greater Bank Competition Affect Borrower Screening? Evidence from a Natural Experiment Based on China's WTO Entry [R]. Working Paper, 2019.

[130] Cheng M, Zhao H, Zhou M. The Effects of Foreign Strategic Investors on Business Models in China's Commercial Banks: Does Ownership Structure Matter? [J]. Applied Economics, 2016, 48 (58): 5676 – 5698.

[131] Chevalier P A, Lecat R, Oulton N. Convergence of Firm-Level Productivity, Globalisation and Information Technology: Evidence from France [J]. Economics Letters, 2012, 116 (2): 244 – 246.

[132] Chong T T L, Lu L, Ongena S. Does Banking Competition Alleviate or Worsen Credit Constraints Faced by Small-and Medium-Sized Enterprises? Evidence from China [J]. Journal of Banking & Finance, 2013, 37 (9): 3412 – 3424.

[133] Cornaggia J, Mao Y, Tian X, Wolfe B. Does Banking Competition Affect Innovation? [J]. Journal of Financial Economics, 2015, 115 (1): 189 – 209.

[134] Cull R, Xu L C. Job Growth and Finance: Are Some Financial Institutions Better Suited to the Early Stages of Development than Others? [J]. The World Bank Economic Review, 2013, 27 (3): 542 – 572.

[135] Deidda L, Fattouh B. Banks, Financial Markets and Growth [J]. Journal of Financial Intermediation, 2008, 17 (1): 6 – 36.

［136］Dell'Ariccia G, Marquez R. Information and Bank Credit Allocation ［J］. Journal of Financial Economics, 2004, 72 (1): 185 –214.

［137］Dell'Ariccia G, Marquez R. Lending Booms and Lending Standards ［J］. The Journal of Finance, 2006, 61 (5): 2511 –2546.

［138］Diamond D W. Financial Intermediation and Delegated, Monitoring ［J］. The Review of Economic Studies, 1984, 51 (3): 393 –414.

［139］Diamond D W, Dybvig P H. Bank Runs, Deposit Insurance, and Liquidity ［J］. Journal of Political Economy, 1983, 91 (3): 401 –419.

［140］Ding S, Sun P, Jiang W. The Effect of Import Competition on Firm Productivity and Innovation: Does the Distance to Technology Frontier Matter? ［J］. Oxford Bulletin of Economics and Statistics, 2016, 78 (2): 197 –227.

［141］Disney R, Haskel J, Heden Y. Restructuring and Productivity Growth in UK Manufacturing ［J］. The Economic Journal, 2003, 113 (489): 666 –694.

［142］Djankov S, La Porta R, Lopez-de-Silanes F, et al. The Regulation of Entry ［J］. The Quarterly Journal of Economics, 2002, 117 (1): 1 –37.

［143］Fecht F, Huang K X D, Martin A. Financial Intermediaries, Markets, and Growth ［J］. Journal of Money, Credit and Banking, 2008, 40 (4): 701 –720.

［144］Fisman R, Svensson J. Are Corruption and Taxation Really Harmful to Growth? Firm Level Evidence ［J］. Journal of Development Economics, 2007, 83 (1): 63 –75.

［145］Gao H, Ru H, Townsend R, Yang X. Rise of Bank Competition: Evidence from Banking Deregulation in China ［R］. National Bureau of Economic Research, 2019.

［146］Gatev E, Strahan P E. Banks' Advantage in Hedging Liquidity Risk: Theory and Evidence from the Commercial Paper Market ［J］. The Journal of Finance, 2006, 61 (2): 867 –892.

［147］Gatti R, Love I. Does Access to Credit Improve Productivity? Evidence from Bulgaria 1 ［J］. Economics of Transition, 2008, 16 (3): 445 –465.

［148］Gemmell N, Kneller R, McGowan D, et al. Corporate Taxation and Productivity Catch – Up: Evidence from European Firms ［J］. The Scandinavian Journal of Economics, 2018, 120 (2): 372 –399.

［149］Gerschenkron A. Economic Backwardness in Historical Perspective: a Book of Essays ［M］. Cambridge, MA: Belknap Press of Harvard University Press, 1962.

［150］Girma S, Kneller R. Convergence in the UK Service Sector: Firm Level

Evidence, 1988 - 1998 [J]. Scottish Journal of Political Economy, 2005, 52 (5): 736 - 746.

[151] Goetz M R, Laeven L, Levine R. Does the Geographic Expansion of Banks Reduce Risk? [J]. Journal of Financial Economics, 2016, 120 (2): 346 - 362.

[152] Goldberg L G, Grosse R. Location Choice of Foreign Banks in the United States [J]. Journal of Economics and Business, 1994, 46: 367.

[153] Goldsmith R W. Financial Structure and Development [M]. New Haven, CT: Yale University Press, 1969.

[154] Gowland D H. The Regulation of Financial Markets in the 1990s [M]. Edward Elgar Publishing, 1990.

[155] Grabowski R, Rangan N, Rezvanian R. The Effect of Deregulation on the Efficiency of US Banking Firms [J]. Journal of Economics and Business, 1994, 46 (1): 39 - 54.

[156] Greenwood J, Jovanovic B. Financial Development, Growth, and the Distribution of Income [J]. Journal of Political Economy, 1990, 98 (5, Part 1): 1076 - 1107.

[157] Greenwood J, Sanchez J M, Wang C. Financing Development: The Role of Information Costs [J]. American Economic Review, 2010, 100 (4): 1875 - 1891.

[158] Greenwood J, Sanchez J M, Wang C. Quantifying the Impact of Financial Development on Economic Development [J]. Review of Economic Dynamics, 2013, 16 (1): 194 - 215.

[159] Griffith R, Redding S, Van Reenen J. Mapping the Two Faces of R&D: Productivity Growth in a Panel of OECD Industries [J]. Review of Economics and Statistics, 2004, 86 (4): 883 - 895.

[160] Griffith R, Redding S, Simpson H. Technological Catch-up and Geographic Proximity [J]. Journal of Regional Science, 2009, 49 (4): 689 - 720.

[161] Griliches Z. R&D and Productivity: The Econometric Evidence [M]. Chicago: University of Chicago Press, 1998.

[162] Guariglia A, Poncet S. Could Financial Distortions be no Impediment to Economic Growth After All? Evidence from China [J]. Journal of Comparative Economics, 2008, 36 (4): 633 - 657.

[163] Gurley J G, Shaw E S. Financial Aspects of Economic Development [J]. American Economic Review, 1955, 45 (4): 515 - 538.

[164] Herrera A M, Minetti R. Informed Finance and Technological Change: Evidence from Credit Relationships [J]. Journal of Financial Economics, 2007, 83 (1): 223 - 269.

［165］ Hicks J. A Theory of Economic History ［M］. Oxford: Oxford University Press, 1969.

［166］ Holmström B, Tirole J. Private and Public Supply of Liquidity ［J］. Journal of Political Economy, 1998, 106 (1): 1 - 40.

［167］ Hsieh C T. Policies for Productivity Growth ［R］. OECD Productivity Working Papers, 2015.

［168］ Hsieh C T, Klenow P J. Misallocation and Manufacturing TFP in China and India ［J］. The Quarterly Journal of Economics, 2009, 124 (4): 1403 - 1448.

［169］ Hsu P H, Tian X, Xu Y. Financial Development and Innovation: Cross-Country Evidence ［J］. Journal of Financial Economics, 2014, 112 (1): 116 - 135.

［170］ Jayaratne J, Strahan P E. The Finance-Growth Nexus: Evidence from Bank Branch Deregulation ［J］. The Quarterly Journal of Economics, 1996, 111 (3): 639 - 670.

［171］ Jayaratne J, Wolken J. How Important are Small Banks to Small Business Lending?: New Evidence from a Survey of Small Firms ［J］. Journal of Banking & Finance, 1999, 23 (2 - 4): 427 - 458.

［172］ Jayaratne J, Strahan P E. Entry Restrictions, Industry Evolution, and Dynamic Efficiency: Evidence from Commercial Banking ［J］. The Journal of Law and Economics, 1998, 41 (1): 239 - 274.

［173］ Jeanneney S G, Hua P, Liang Z. Financial Development, Economic Efficiency, and Productivity Growth: Evidence from China ［J］. The Developing Economies, 2006, 44 (1): 27 - 52.

［174］ Jeong H, Townsend R M. Sources of TFP Growth: Occupational Choice and Financial Deepening ［J］. Economic Theory, 2007, 32 (1): 179 - 221.

［175］ Jiang C, Yao S, Feng G. Bank Ownership, Privatization, and Performance: Evidence from a Transition Country ［J］. Journal of Banking & Finance, 2013, 37 (9): 3364 - 3372.

［176］ Jiang L, Levine R, Lin C. Competition and Bank Liquidity Creation ［J］. Journal of Financial and Quantitative Analysis, 2019, 54 (2): 513 - 538.

［177］ Kashyap A K, Rajan R, Stein J C. Banks as Liquidity Providers: An Explanation for the Coexistence of Lending and Deposit-Taking ［J］. The Journal of Finance, 2002, 57 (1): 33 - 73.

［178］ Kerr W R, Nanda R. Democratizing Entry: Banking Deregulations, Financing Constraints, and Entrepreneurship ［J］. Journal of Financial Economics, 2009, 94 (1): 124 - 149.

[179] Kim K H, Tsai W. Social Comparison among Competing Firms [J]. Strategic Management Journal, 2012, 33 (2): 115 – 136.

[180] Kim L. Stages of Development of Industrial Technology in a Developing Country: A Model [J]. Research Policy, 1980, 9 (3): 254 – 277.

[181] King R G, Levine R. Finance and Growth: Schumpeter Might be Right [J]. The Quarterly Journal of Economics, 1993, 108 (3): 717 – 737.

[182] Klette T J, Kortum S. Innovating Firms and Aggregate Innovation [J]. Journal of Political Economy, 2004, 112 (5): 986 – 1018.

[183] Klette T J. R&D, Scope Economies, and Plant Performance [J]. The RAND Journal of Economics, 1996, 27 (3): 502 – 522.

[184] Krishnan K, Nandy D K, Puri M. Does Financing Spur Small Business Productivity? Evidence from a Natural Experiment [J]. The Review of Financial Studies, 2015, 28 (6): 1768 – 1809.

[185] La Porta R, Lopez-de-Silanes F, Shleifer A, et al. Legal Determinants of External Finance [J]. The Journal of Finance, 1997, 52 (3): 1131 – 1150.

[186] La Porta R, Lopez-de-Silanes F, Shleifer A, et al. Law and Finance [J]. Journal of Political Economy, 1998, 106 (6): 1113 – 1155.

[187] Law S H, Singh N. Does too Much Finance Harm Economic Growth? [J]. Journal of Banking & Finance, 2014, 41: 36 – 44.

[188] Lee K, Malerba F. Catch-up Cycles and Changes in Industrial Leadership: Windows of Opportunity and Responses of Firms and Countries in the Evolution of Sectoral Systems [J]. Research Policy, 2017, 46 (2): 338 – 351.

[189] Lee K, Lim C. Technological Regimes, Catching-up and Leapfrogging: Findings from the Korean Industries [J]. Research Policy, 2001, 30 (3): 459 – 483.

[190] Levine R, Loayza N, Beck T. Financial Intermediation and Growth: Causality and Causes [J]. Journal of Monetary Economics, 2000, 46 (1): 31 – 77.

[191] Levine R, Zervos S. Stock Markets, Banks, and Economic Growth [J]. American Economic Review, 1998: 537 – 558.

[192] Levine R. Stock Markets, Growth, and Tax Policy [J]. The Journal of Finance, 1991, 46 (4): 1445 – 1465.

[193] Levine R. Finance and Growth: Theory and Evidence [M] // Aghion P. and Durlauf S. Handbook of Economic Growth. Amsterdam: North-Holland, 2005, 1: 865 – 934.

[194] Levinsohn J, Petrin A. Estimating Production Functions Using Inputs to Control for Unobservables [J]. The Review of Economic Studies, 2003, 70 (2): 317 – 341.

[195] Lin J Y, Sun X, Jiang Y. Endowment, Industrial Structure, and Appropriate Financial Structure: A New Structural Economics Perspective [J]. Journal of Economic Policy Reform, 2013, 16 (2): 109 – 122.

[196] Lin J Y, Sun X, Wu H X. Banking Structure and Industrial Growth: Evidence from China [J]. Journal of Banking & Finance, 2015, 58: 131 – 143.

[197] Love I, Martínez Pería M S. How Bank Competition Affects Firms' Access to Finance [J]. The World Bank Economic Review, 2015, 29 (3): 413 – 448.

[198] Mathews J A, Cho D S. Combinative Capabilities and Organizational Learning in Latecomer Firms: The Case of the Korean Semiconductor Industry [J]. Journal of World Business, 1999, 34 (2): 139 – 156.

[199] Mckinnon R I. Money and Capital in Economic Development [M]. Washington, D. C. : Brookings Institution, 1973.

[200] Merton R C. A Functional Perspective of Financial Intermediation [J]. Financial Management, 1995, 24 (2): 23 – 41.

[201] Miao Y, Song J, Lee K, et al. Technological Catch-up by East Asian Firms: Trends, Issues, and Future Research Agenda [J]. Asia Pacific Journal of Management, 2018, 35 (3): 639 – 669.

[202] Moliterno T P, Beckman C M. Who's in First? Social Aspirations and Organizational Change [R]. Working Paper, 2009.

[203] Morales M F. Financial Intermediation in a Model of Growth Through Creative Destruction [J]. Macroeconomic Dynamics, 2003, 7 (3): 363 – 393.

[204] Morgan D P, Rime B, Strahan P E. Bank Integration and State Business Cycles [J]. The Quarterly Journal of Economics, 2004, 119 (4): 1555 – 1584.

[205] Nakamura L I. Small Borrowers and the Survival of the Small Bank: Is Mouse Bank Mighty or Mickey? [J]. Federal Reserve Bank of Philadelphia, Business Review, December, 1994: 3 – 15.

[206] Nicoletti G, Scarpetta S. Regulation, Productivity and Growth: OECD Evidence [J]. Economic Policy, 2003, 18 (36): 9 – 72.

[207] Nunn N, Qian N. US Food Aid and Civil Conflict [J]. American Economic Review, 2014, 104 (6): 1630 – 1666.

[208] Olley G S, Pakes A. The Dynamics of Productivity in the Telecommunications Equipment Industry [J]. Econometrica, 1996, 64 (6): 1263 – 1297.

[209] Petersen M A, Rajan R G. The Effect of Credit Market Competition on Lending Relationships [J]. The Quarterly Journal of Economics, 1995, 110 (2): 407 – 443.

［210］ Rajan R G. Insiders and Outsiders： The Choice between Informed and Arm's-Length Debt ［J］. The Journal of Finance, 1992, 47 （4）： 1367 – 1400.

［211］ Rajan R G, Zingales L. Financial Dependence and Growth ［J］. American Economic Review, 1998, 88 （3）： 559 – 586.

［212］ Rice T, Strahan P E. Does Credit Competition Affect Small-Firm Finance? ［J］. The Journal of Finance, 2010, 65 （3）： 861 – 889.

［213］ Ryan R M, O'Toole C M, McCann F. Does Bank Market Power Affect SME Financing Constraints? ［J］. Journal of Banking & Finance, 2014, 49： 495 – 505.

［214］ Sahay R, Čihák M, N'Diaye P, et al. Rethinking Financial Deepening： Stability and Growth in Emerging Markets ［J］. Revista de Economía Institucional, 2015, 17 （33）： 73 – 107.

［215］ Shaw S. E. Financial Deepening in Economic Development ［M］. New York： Oxford University Press, 1973.

［216］ Shen Y, Shen M, Xu Z, et al. Bank Size and Small-and Medium-Sized Enterprise （SME） Lending： Evidence from China ［J］. World Development, 2009, 37 （4）： 800 – 811.

［217］ Silva da S H R, Tabak B M, Cajueiro D O, et al. Economic Growth, Volatility and Their Interaction： What's the Role of Finance? ［J］. Economic Systems, 2017, 41 （3）： 433 – 444.

［218］ Stein J. Information Production and Capital Allocation： Decentralized Versus Hierarchical Firms ［J］. The Journal of Finance, 2002, 57： 1891 – 1921.

［219］ Stiglitz J E, Weiss A. Credit Rationing in Markets with Imperfect Information ［J］. American Economic Review, 1981, 71 （3）： 393 – 410.

［220］ Stiroh K J, Strahan P E. Competitive Dynamics of Deregulation： Evidence from US Banking ［J］. Journal of Money, Credit and Banking, 2003： 801 – 828.

［221］ Sutton, J. , Technology and Market Structure： Theory and History ［M］. Cambridge： MIT Press, 1998.

［222］ Syverson C. What Determines Productivity? ［J］. Journal of Economic Literature, 2011, 49 （2）： 326 – 365.

［223］ Tadesse S. Financial Architecture and Economic Performance： International Evidence ［J］. Journal of Financial Intermediation, 2002, 11 （4）： 429 – 454.

［224］ Vandenbussche J, Aghion P, Meghir C. Growth, Distance to Frontier and Composition of Human Capital ［J］. Journal of Economic Growth, 2006, 11 （2）： 97 – 127.

［225］ Weinstein D E, Yafeh Y. On the Costs of a Bank-Centered Financial System: Evidence from the Changing Main Bank Relations in Japan [J]. The Journal of Finance, 1998, 53 (2): 635 –672.

[226] Ben Yahmed S, Dougherty S. Domestic Regulation, Import Penetration and Firm-Level Productivity Growth [J]. The Journal of International Trade & Economic Development, 2017, 26 (4): 385 –409.

[227] Ye J, Zhang A, Dong Y. Banking Reform and Industry Structure: Evidence from China [J]. Journal of Banking & Finance, 2019, 104: 70 –84.

[228] Zarutskie R. Evidence on the Effects of Bank Competition on Firm Borrowing and Investment [J]. Journal of Financial Economics, 2006, 81 (3): 503 –537.

[229] Zhang X M, Song Z L, Zhong Z. Does "Small Bank Advantage" Really Exist? Evidence from China [J]. International Review of Economics & Finance, 2016, 42: 368 –384.